AI와 지속 가능한 노동

AI문고

인공지능 시대입니다. 기계가 인간의 인지를 대신하고, 사물이 인간을 통하지 않고 다른 사물과 직접 커뮤니케이션합니다. 이에 따른 인간 삶과 문명 변화를 정확히 이해 · 예측 · 대응하는 것은 이 시대 우리 모두의 과제입니다. AI문고는 인공지능 기술과 환경의 여러 주제를 10가지 키워드로 정리합니다. 관련 개념과 이론, 학계와 산업계의 쟁점, 우리 일상의 변화를 다룹니다. 인간과 기술의 현재, 미래를 세심히 분석합니다.

일러두기

- 인명, 작품명, 저서명, 개념어 등은 한글과 함께 괄호 안에 해당 국가의 원어를 병기했습니다.
- 외래어 표기는 현행 어문규정의 외래어표기법을 따랐습니다.

처음이세요?

전문가세요?

AI와 지속 가능한 노동

김주희

대한민국, 서울, 커뮤니케이션북스, 2025

AI와 지속 가능한 노동

지은이 김주희
펴낸이 박영률

초판 1쇄 펴낸날 2025년 8월 25일

커뮤니케이션북스(주)
출판 등록 2007년 8월 17일 제313-2007-000166호
02880 서울시 성북구 성북로 5-11
전화(02) 7474 001, 팩스(02) 736 5047
commbooks@commbooks.com
www.commbooks.com

ISBN 979-11-430-0322-5 03500

책값은 뒤표지에 표시되어 있습니다.

차례

AI 시대, 노동의 의미와 가치를 다시 묻다 xi

01 노동의 역사적 전환: 농업 사회에서 플랫폼 경제까지 1

02 AI가 촉발한 노동 환경의 거대한 전환 9

03 그림자 노동의 현대적 확장 19

04 디지털 그림자 노동, AI가 만들어 내는 착취 29

05 가짜 노동, 노동의 의미와 가치에 대한 도전 39

06 AI가 변화시키는 직업 구조와 노동의 가치 49

07 지속 가능한 노동의 조건, 인간의 자리 찾기 59

08 글로벌 사례로 보는 AI와 노동의 미래 69

09 AI 시대, 기업과 조직의 전략적 대응 79

10 AI와의 공존, 인간다운 노동을 위하여 89

AI 시대, 노동의 의미와 가치를 다시 묻다

인간은 왜 일하는가, 그리고 우리는 지금 어디에 와 있는가?

인간은 왜 일하는가. 이 단순하고도 본질적인 질문은 수천 년 동안 반복되어 왔다. 노동은 인간이 생존을 위해 처음 도구를 들었던 순간부터 존재했다. 굶주림을 면하기 위한 사냥, 공동체를 위한 재배, 가족을 위한 건축과 보살핌. 노동은 단순한 경제 활동 이전에 인간 본능의 일부였다. 일하지 않으면 생존할 수 없다는 단순한 진리는 인간의 본능 속 깊이 뿌리내렸고, 이로 인해 노동은 인간 존재의 전제가 되어 왔다. 하지만 시간이 흐르며 노동은 생존의 영역을 넘어 권력과 지위, 정체성과 존엄성의 상징으로 변화해 왔다.

역사를 거슬러 올라가면 노동은 사회 구조 속에서 다른 의미를 부여받았다. 고대 사회에서 노동은 노예의 것이었다. 자유 시민은 자신의 손을 더럽히지 않았고, 철학과 정치, 예술에 몰두했다. 노동은 천한 것이라는 인식이 오랫동안 이어졌고, 이는 봉건제 사회로 이어지며

신분에 따라 분화된 노동 구조로 발전했다. 귀족과 지배자는 기획하고 명령하며, 농노와 평민은 수동적으로 노동을 수행했다. 이렇게 노동은 단지 생계를 위한 수단이 아니라, 권력의 분배와 사회적 질서를 유지하는 메커니즘이었다.

16세기 종교 개혁 이후 프로테스탄트 윤리를 통해 노동은 단순한 생계 수단을 넘어, 신의 소명에 응답하는 행위이자 인간의 자아실현과 도덕적 정당성의 근거로 간주되기 시작했다. 이러한 '노동은 신성하다'는 담론은 산업 혁명 이후 자본주의 체제 안에서 점차 변질되었다.

18세기 산업 혁명으로 노동의 풍경은 급변했다. 인간은 기계 앞에 선 일개 부품으로 전락했고, 프레더릭 테일러(Frederick Taylor)의 과학적 관리법은 인간의 움직임마저 시간 단위로 쪼개어 측정했다. 헨리 포드(Henry Ford)는 이를 대량 생산 체계로 현실화하며, 인간을 기계보다 느린 생산 단위로 간주했다. 효율성과 생산성이 노동의 유일한 척도로 자리 잡으면서 노동자가 자신의 노동으로부터 소외되는 시대가 열렸다. 결국 노동은 인간의 자율성과 창의성을 실현하는 과정이 아니라, 생계를 유지하기 위한 필수적 행위이자 피로와 소외의 원천으로 전락하게 된 것이다.

20세기 중반 이후, 자동화와 정보화 시대는 노동의 성격을 다시 한번 극적으로 바꾸었다. 컴퓨터와 인터넷이 등장하면서 노동은 육체적 반복 작업에서 지식과 정보를 다루는 지적 업무로 확장되었다. 하지만 이러한 지적 노동조차도 AI의 등장으로 인해 또 다른 전환점에 놓이게 되었다. 특히 최근 등장한 생성형 AI 기술은 인간이 수행하던 고도의 판단과 창의성이 요구되는 영역까지도 침범하기 시작했다. 필자가 25년간 몸담아 온 IT 업계 현장에서는 이미 업무의 성격이 '개발을 잘하는 사람'에서 'AI를 잘 다루는 사람'으로 전환될 것이라 예측하고 있다(김주희 외, 2024). 일자리의 미래에 대한 불안감과 함께, 노동자의 정체성과 자율성은 다시금 도전을 받고 있다.

노동은 단지 생계를 위한 수단이 아니다. 인간은 노동을 통해 자아를 실현하고, 공동체에 기여하며, 삶의 의미를 찾아왔다. 개인의 정체성 형성, 사회적 소속감, 창의적 활동의 장으로서 노동은 인간 삶의 중요한 기반이었다. 그러나 오늘날 많은 영역에서 노동은 효율성과 생산성의 논리에 종속되고 있으며, 기술이 인간 노동을 대체하면서 그 본질적 의미가 점차 흐려지고 있다.

이제 우리는 노동을 새로운 시각으로 재구성해야 할

시점에 와 있다. 인간 고유의 역량인 창의성, 비판적 사고력, 공감과 소통 능력이 중심이 되는 노동 환경을 구축해야 하며, 그것이 곧 AI 시대에 인간 노동이 지속 가능한 이유가 되어야 한다. 노동이 단순히 경제적 기여의 척도에서 벗어나, 인간 삶의 가치와 공동체적 윤리를 구현하는 방식으로 자리 잡을 수 있을 때, 우리는 기술 발전과 인간 존엄이 공존하는 미래를 그릴 수 있을 것이다.

기술 발전은 오랜 시간 노동의 평가 기준을 변화시켜 왔다. 산업 혁명 이후 노동은 점차 자율성과 창의성이 아니라 효율성과 생산성을 중심으로 조직되고 측정되어 왔다. 이는 기업의 경쟁력 확보에는 도움이 되었지만, 노동자 개인의 정체성과 삶의 질을 희생하는 결과를 초래하기도 했다. 오늘날 AI 기술이 노동 전반에 빠르게 확산되면서 이러한 경향은 더욱 강화되는 양상을 보인다. 일의 속도와 결과 중심의 평가 체계는 노동의 인간적 가치를 가리는 결과를 낳고 있다.

따라서 AI 시대의 노동은 더 이상 효율성과 생산성만으로 평가되어서는 안 된다. 인간 노동의 고유한 의미 ─ 창의적 사고, 윤리적 판단, 공동체적 기여 ─ 를 재조명하고, 이를 강화하는 방향으로 사회적 합의와 제도적 노력이 동반되어야 한다. 기술은 인간 노동을 대체하는 도구가 아니라, 인간의 역량을 보완하고 확장하는 수단이 되어야 한다. 그럴 때 비로소 우리는 노동의 지속 가능성을 확보하고, 기술과 인간이 조화를 이루는 미래로 나아갈 수 있을 것이다.

우리는 지금 노동의 본질에 대한 질문이 그 어느 때보다 절박하게 제기되는 시점에 서 있다. 인간은 왜 일하는가? 이 질문은 수천 년 동안 인류와 함께해 온 본질적인 물음이지만, AI와 자동화가 인간의 역할을 빠르게 재편하는 오늘날, 우리는 이 질문에 새로운 방식으로 답해야 한다.

기술 발전이 노동의 구조와 성격을 바꾸는 시대에, 우리는 단순히 '어떻게 더 효율적으로 일할 것인가'라는 문제를 넘어 '일이 인간에게 어떤 의미여야 하는가'를 묻지 않을 수 없다. 이 질문에 진지하게 답하지 않는다면, 기술은 인간의 노동과 존엄성을 쉽게 비용과 생산성의 논리로 환산하는 도구로 전락할 수 있다.

이제 우리가 노동에 대해 다시 묻고, 진정한 인간다운 노동이 무엇인지 깊이 고민하며 사회적 합의를 이루어 가는 것이 그 어느 때보다 중요하다. 노동의 진정한 가치와 의미를 다시 찾는 여정은 AI 시대를 맞이한 우리가 함께 풀어 가야 할 근본적인 과제다.

그림자 노동과 가짜 노동의 확장: 보이지 않는 착취의 시대

노동 환경의 변화와 함께 최근 부상하고 있는 대표적인 노동 문제는 '그림자 노동(Shadow Work)'과 '가짜 노동(Pseudo-work)'의 급격한 확장이다. 이 두 가지 형태의 노동은 표면적으로는 잘 드러나지 않지만, 실제로는 인간 노동의 가치를 심각하게 훼손하고 노동자의 권리를 은밀하게 침해한다. 그림자 노동은 본래 기업이 책임져야 할 노동의 부담을 소비자 개인에게 전가하는 현상으로, 오스트리아의 사회학자 이반 일리치(Ivan Illich)가 최초로 개념화했다. 일리치는 이를 "임금을 받지 않고도 수행하는 노동"으로 정의하면서, 소비자들이 자신도 모르는 사이에 기업의 비용 절감을 위해 무급으로 노동을 제공하고 있음을 날카롭게 지적했다(Illich, 1981). 대표적인 사례는 운전자가 직접 주유하거나 은행에서 고객이 ATM을 이용해 현금을 인출하는 셀프서비스 방식이다. 기업은 이 방식을 통해 인건비와 운영비를 크게 절감하지만, 소비자 개인에게 돌아오는 혜택은 미미하거나 때로는 전혀 없다.

그림자 노동은 디지털 기술의 확산과 함께 더욱 심화되고 정교해지고 있다. 크레이그 램버트(Craig Lambert)

는 《그림자 노동의 역습》(2015/2016)에서 온라인 쇼핑, 온라인 뱅킹, 무인 키오스크와 같은 디지털 셀프서비스의 급증을 지적했다. 소비자는 점점 더 많은 노동을 수행하지만, 이러한 노동에 대한 정당한 대가는 받지 못하고 있다. 필자 역시 최근 마트나 편의점에서 무인 계산대를 사용할 때마다, 이것이 기업이 해야 할 노동을 소비자 개인에게 떠넘기는 사례임을 실감하고 있다. 소비자가 기업이 부담해야 할 업무를 대신 수행함으로써 기업은 이익을 극대화하지만, 소비자에게는 경제적 보상이나 사회적 인정이 전혀 돌아가지 않는다.

더욱 심각한 문제는 디지털 환경에서 새롭게 나타난 '디지털 그림자 노동(Digital Shadow Work)'이다. 디지털 그림자 노동은 소비자들이 인터넷 검색, 소셜 미디어 사용, 온라인 쇼핑 등 일상적이고 무의식적인 온라인 활동을 통해 데이터를 생성하는 노동을 의미한다. 쇼샤나 주보프(Shoshana Zuboff)는 《감시 자본주의 시대》(2019/2021)에서 이 현상을 상세히 분석했다. 거대 플랫폼 기업들은 소비자의 데이터를 기반으로 AI 알고리즘을 학습시키고 이를 통해 막대한 수익을 창출하지만, 소비자 개인은 자신이 수행한 데이터 노동이 경제적 가치를 지닌 노동이라는 것을 전혀 인식하지 못한다. 더욱 문제가 되는 것은 이러한 데이터 제공 행위가 사실상 강제성을 띠고 있다는 점이다. 대부분의 온라인 서비스가 개인 정보 제공을 전제로 하고 있어 소비자는 선택의 여지 없이 자신의 데이터를 제공할 수밖에 없는 상황이다. 결국 소비자들은 데이터 생산을 통해 기업의 이윤 창출에 기여하며 노동력 착취까지 당하는 셈이다.

이와 함께 최근 덴마크의 철학자 데니스 뇌르마르크(Dennis Nørmark)와 아네르스 포그 옌센(Anders Fogh Jensen)은 현대 사회에서 확산되고 있는 또 다른 형태의 문제적 노동인 '가짜 노동(Pseudo-work)'의 개념을 제시했다(Nørmark & Jensen, 2019/2022). 가짜 노동은 겉으로 보기에는 매우 바쁘고 열심히 일하는 것처럼 보이지만 실제로는 실질적인 성과나 가치를 창출하지 못하는 형식적이고 무의미한 업무를 의미한다. 보고를 위한 보고서 작성, 목적 없는 반복적 회의, 불필요한 이메일 소통 등이 대표적인 예다. 글로벌 조사 기관 갤럽(Gallup, 2023)의 보고서에 따르면 전 세계 노동자의 약 60% 이상이 자신의 업무가 무의미하거나 불필요하다고 느끼고 있다고 한다. 이는 조직과 개인 모두에 심각한 손실을 초래한다. 조직은 무의미한 업무로 생산성과 효율성을 잃고, 노동자는 본인의 노동이 의미 없다고 느껴 직무 만족도가 크게 떨어진다.

AI와 디지털 기술의 도입은 노동 환경을 효율적으로 개선할 것으로 기대됐으나 현실에서는 오히려 새로운 형태의 가짜 노동을 만들어 내고 있다. 예를 들어, AI가 자동 생성한 보고서를 노동자가 다시 확인하고 재정리하는 업무가 급증하면서 노동자는 오히려 더 많은 형식적인 업무를 수행하고 있다. 필자 또한 AI가 생성한 데이터를 재검토하고 형식을 갖춘 보고서로 재구성하는 무의미한 노동을 직접 경험하고 있다. 이러한 형식적 업무는 업무의 질과 의미를 낮추고 노동자의 스트레스와 피로감을 높인다.

《한국일보》의 심층 취재에 따르면 특히 대기업과 공공 기관에서 형식적인 보고서 작업과 불필요한 회의가 만연해 있으며, 직원들은 이러한 형식적 노동으로 큰 스트레스를 받고 있다고 한다(한국일보, 2024). 가짜 노동이 조직 내에서 만연한 이유는 실제 성과보다는 형식적인 지표와 보고를 중심으로 조직 내부 평가가 이루어지기 때문이다. 이는 조직이 업무의 본질적 성과보다 형식적이고 가시적인 지표에만 매몰되어 있음을 나타내는 문제적 현상이다.

이 두 가지 형태의 노동—그림자 노동과 가짜 노동—

이 확산되면서 나타나는 가장 큰 문제는 노동자의 권리 보호와 제도적 안전장치가 함께 무너지고 있다는 점이다. 그림자 노동은 노동으로 인정받지 못한 채 기업의 비용 절감 수단으로 남아 있고, 가짜 노동은 실질적인 성과와 무관하게 노동자의 시간과 에너지만을 소모하고 있다. 이러한 보이지 않는 착취의 문제를 해결하기 위해서는 노동의 본질적 가치를 사회적으로 재정립하고, 노동자가 자신이 수행하는 노동의 정당한 가치를 명확히 인식할 수 있는 환경을 만들어야 한다. 디지털 시대의 노동 개념을 확장하고, 소비자의 데이터 노동에 정당한 보상을 제공하는 법적 · 제도적 장치를 마련해야 한다. 또한 기업과 조직은 업무 평가와 보고 체계를 전면적으로 재설계하여 형식적이고 무의미한 업무를 과감히 줄이고, 노동자가 실제 가치 있는 업무에 집중할 수 있도록 해야 한다.

결국 그림자 노동과 가짜 노동의 확산은, 노동의 본질적 가치를 회복하고 노동자가 진정한 노동의 의미와 가치를 느낄 수 있도록 노동 환경을 근본적으로 재구성해야 하는 시대적 과제를 제시한다. 우리의 과제는 노동의 숨겨진 착취를 드러내고 인간다운 노동의 가치를 다시 세우는 것이다. 이는 노동자의 존엄성과 노동의 지속 가능성을 위해서라도 반드시 해결해야 할 본질적인 문제다.

인간 중심 노동 환경 구축을 위한 전략적 대응과 과제

AI와 디지털 기술의 급속한 발전은 노동의 본질과 가치를 근본적으로 바꾸고 있다. 이러한 변화의 중심에서 우리가 추구해야 할 가장 중요한 가치는 인간의 존엄과 창의성, 그리고 자율성이 보장되는 인간 중심의 노동 환경이다. 기술 발전 자체가 목적이 아니라, 기술을 통해 노동자의 삶과 노동의 질을 높이는 방향으로의 전환이 절실한 시점이다.

첫째, 노동자의 창의성과 자율성을 최대한 보장하는 직무 재설계가 필수적이다. AI 기술이 반복적이고 정형화된 업무를 담당하게 되면서, 인간의 역할은 창의성, 비판적 사고력, 감성 지능과 같은 인간 고유의 역량을 발휘하는 방향으로 변화해야 한다(World Economic Forum, 2023). 필자 역시 IT 업계 현장에서의 경험을 통해 볼 때, 인간 노동자가 AI 기술과 협력하며 가장 창의적이고 효율적으로 기여할 수 있는 영역을 명확히 구분하고, 노동자들이 자신의 역량을 충분히 발휘할 수 있도록 자율적인 업무 환경을 조성하는 것이 중요하다고 본다.

둘째, AI 기술 확산 과정에서 불가피하게 발생하는 기술 격차와 노동 시장 양극화 문제를 해결하기 위한 포용적 노동 정책이 필요하다. OECD(2023)는 AI 기술이 노동 시장의 양극화를 더욱 심화하고 있다고 경고하며, 모든 노동자가 디지털 기술 발전의 혜택을 공정하게 누릴 수 있도록 적극적인 재교육 프로그램과 사회적 안전망을 확대할 것을 제안한다. 노동자의 생애 주기에 따른 지속적인 평생 학습과 재교육 프로그램, 특히 기술 변화에 소외되기 쉬운 중장년층을 위한 맞춤형 지원 정책이 시급히 요구된다.

셋째, 디지털 노동 환경에서 증가하고 있는 노동자의 정신 건강 문제에 대한 적극적인 관리와 지원도 필수적이다. 세계보건기구(WHO, 2022)는 디지털 환경에서 업무 스트레스, 우울증, 번아웃과 같은 정신적 문제가 크게 증가하고 있다고 보고했다. 재택근무의 확대와 디지털 기기의 상시적 연결로 노동자들은 끊임없는 업무 압박과 정신적 피로를 경험하고 있다. 이를 해소하기 위해 기업과 조직은 근무 시간과 휴식 시간을 명확히 구분하여 노동자가 충분한 휴식과 회복 시간을 확보할 수 있도록 하고, 적극적인 디지털 웰빙 프로그램을 도입해 정신 건강 관리에 힘써야 한다.

넷째, 플랫폼 노동자와 같은 새로운 형태의 비정형 노동자를 보호하기 위한 법적·제도적 지원 체계를 강화해야 한다. 유럽연합(EU)은 플랫폼 노동자의 권리를 명확히 보호하고 기업의 책임을 강화하는 '플랫폼 노동 지침(Platform Work Directive)'을 최근 도입했다(European Commission, 2024). 한국을 포함한 여러 국가에서도 플랫폼 노동자와 프리랜서 등 비정규 노동자의 노동권 보호와 고용 안정성을 보장하기 위한 구체적인 법적 장치를 마련하고 사회적 합의를 촉진해야 한다.

마지막으로, AI 기술의 글로벌 확산에 따른 노동 환경 변화를 관리하기 위해 국제 협력이 필수적이다. 국제노동기구(ILO, 2023)는 인간 중심의 노동 환경 구축을 위한 글로벌 가이드라인을 제시하고 있으며, 기술 발전이 노동 착취와 사회적 불평등으로 연결되지 않도록 국제적인 공조와 표준화를 강조하고 있다. 각국 정부와 기업, 노동계가 적극적으로 국제 협력에 참여하여 노동자의 권리를 보호하고, 지속 가능한 노동 환경을 전 세계적 차원에서 공동으로 구축해야 한다.

지금의 노동 문제는 기술 그 자체가 아니라, 우리가 기술을 어떤 가치와 목적 아래 사용하고 관리하느냐에 달려 있다. 기술 발전을 인간의 존엄성과 노동의 본질적 가치 회복이라는 명확한 목표 아래 통제하고 활용할 때, 비로소 AI 시대에 맞는 지속 가능하고 인간다운 노동 환경을 구현할 수 있을 것이다. 이것이 지금 우리 앞에 놓인 가장 중요한 전략적 과제다.

참고문헌

김주희 외(2024). AI 시대의 IT 업무 환경 변화: IT 전문가들이 본 미래 전망과 필수 역량. 《지능정보연구》, 30(4), 369~392쪽.

한국일보(2024.2.29). 당신을 좀먹는 가짜노동. https://www.hankookilbo.com/Collect/9030

European Commission(2024). Directive (EU) 2024/2831 of the European Parliament and of the Council on improving working conditions in platform work. https://eur-lex.europa.eu/eli/dir/2024/2831/oj/eng

Gallup(2023). State of the Global Workplace: 2023 Report. https://www.gallup.com/workplace/349484/state-of-the-global-workplace.aspx

Illich, I.(1981). *Shadow Work.* Marion Boyars Publishers.

ILO(2023). World Employment and Social Outlook 2023: The value of essential work. https://webapps.ilo.org/digitalguides/en-GB/story/weso2023-key-workers

Lambert, C.(2015). *Shadow Work: the unpaid, unseen jobs that fill your day.* Counterpoint Press. 이현주 옮김(2016). 《그림자 노동의 역습: 대가 없이 당신에게 떠넘겨진 보이지

않는 일들》. 민음사.

Nørmark, D. & Jensen, A. F. (2019). *Pseudo-work: How we got busy doing nothing.* Gyldendal. 《가짜 노동: 우리는 왜 쓸모없는 일에 매달리는가》. 이수영 옮김(2022). 봄알람.

OECD(2023). OECD Employment Outlook 2023: Artificial Intelligence and the Labour Market. https://www.oecd.org/en/publications/oecd-employment-outlook-2023_08785bba-en.html

WHO(2024). Mental health at work. https://www.who.int/news-room/fact-sheets/detail/mental-health-at-work

World Economic Forum(2023). The Future of Jobs Report 2023. https://www.weforum.org/publications/the-future-of-jobs-report-2023/

Zuboff, S.(2019). *The Age of Surveillance Capitalism: The Fight for a Human Future at the New Frontier of Power.* PublicAffairs. 김보영 옮김(2021). 《감시 자본주의 시대: 권력의 새로운 개척지에서 벌어지는 인류의 미래를 위한 투쟁》. 문학사상사.

01
노동의 역사적 전환: 농업 사회에서 플랫폼 경제까지

노동은 농업 혁명 이후 사회적 위계와 권력의 수단으로 작동해 왔으며, 산업 혁명과 디지털 전환을 거치며 구조적으로 재편되어 왔다. 이 장에서는 노동의 역사적 전환 과정을 세 시기로 나누어 살펴본다.

AI와 1인 창업?

노동의 기원과 농업 혁명: 노동의 사회적 위계 형성과 권력 구조의 변화

노동은 인류가 최초로 도구를 손에 쥐었던 순간부터 시작되었다. 도구의 사용은 인간에게 단지 생존을 위한 수단이 아닌, 환경을 변화시키고 활용할 수 있는 능력을 부여했고, 이것이 바로 노동의 근원적인 시작이었다. 초기의 노동은 주로 수렵과 채집에 집중되었다. 인간은 자연 속에서 생존에 필요한 자원을 얻기 위해 끊임없이 이동하며 공동체 단위로 협력했다. 이 시기 노동은 생존을 위한 공동의 노력이었으며, 구성원 모두가 거의 동등한 사회적 지위를 가지고 있었다(Harari, 2014).

약 1만 년 전 농업 혁명이 시작되면서 노동의 성격과 사회적 의미는 극적인 변화를 맞이하게 된다. 인류의 삶은 한 장소에 정착하여 농작물을 경작하고 가축을 기르는 생활로 전환되었으며, 잉여 생산물을 통해 최초의 경제적 축적을 이루게 되었다. 이는 사회적 계층 분화와 노동의 사회적 위계를 형성하는 결정적인 계기가 되었다(Scott, 2017). 잉여 식량이 늘어나자 생산에 직접적으로 참여하지 않는 계층이 등장했고, 노동의 분업과 역할 구분이 명확해지면서 노동자 계층과 관리 및 지배 계층이 구분되기 시작한 것이다.

역사학자 제임스 스콧(James Scott)은 농업 혁명 이후 형성된 초기 국가들이 중앙 집권적 정치 체제를 구축하기 위해 노동을 체계적으로 통제했다고 설명한다(Scott, 2017). 권력자들은 대규모 노동력을 동원하여 피라미드나 지구라트 같은 거대한 건축물을 건설했고, 이는 단순한 생산 활동을 넘어 권위와 지배의 상징으로 기능했다.

농업 사회에서는 토지 소유와 생산 수단을 독점한 지배 계층이 노동력을 통제하며 사회적 위계와 권력 구조를 공고히 했고, 노동자는 생존을 위해 노동력을 제공할 수밖에 없는 종속적 위치에 놓였다. 이처럼 노동은 생존의 수단에서 권력 유지의 도구로 전환되었으며, 이러한 구조는 고대에서 중세를 거치며 더욱 강화되었다.

농업 혁명은 노동을 단순한 경제 활동이 아닌 정치적 지배 질서의 중심축으로 만들었고, 이는 이후 산업 혁명과 디지털 전환기를 거치며 또 다른 방식으로 변형 · 재구성되었다.

산업 혁명과 노동의 소외: 기계화와 과학적 관리법의 도입으로 인한 인간 노동의 변화

18세기 산업 혁명은 농업 혁명 이후 노동 환경에 가장 근본적이고 극적인 변화를 가져왔다. 이전까지 노동은 주로 농촌에서 소규모 수공업 형태로 이루어졌으나, 산업 혁명이 도래하면서 노동은 도시의 대규모 공장으로 이동하게 되었다. 산업 혁명을 통해 도입된 기계화 기술은 생산성을 획기적으로 높였지만, 동시에 인간 노동의 본질과 의미를 근본적으로 변화시켰다.

특히 컨베이어 벨트 시스템과 같은 대량 생산 방식은 노동자의 업무를 철저히 분업화하고, 노동자를 기계 부품과 다름없는 존재로 전락시켰다. 산업 혁명 이전 농업 사회에서의 노동은 자연의 리듬에 따라 자율적으로 이루어지는 경우가 많았지만, 산업화 이후의 공장 노동은 인간을 기계적 질서에 종속된 존재로 바꾸어 놓았다. 노동자는 이제 생산 과정에서 스스로 결정하고 창의적으로 작업을 수행하는 대신, 철저하게 분업화된 공정과 매뉴얼에 따라 일해야만 했고, 점차 기계의 일부처럼 기능하게 되었다. 미국의 공학자 프레더릭 테일러(Frederick Taylor)가 도입한 '과학적 관리법(Scientific Management)'은 노동자의 움직임과 작업 과정을 세부적으로 분석하여 가장 효율적인 방법을 강제함으로써, 노동자의 업무 자율성을 크게 제한했다(McAfee & Brynjolfsson, 2017).

이러한 변화는 노동의 효율성을 극대화하는 데에는 일정 부분 기여했지만, 노동자 개인에게는 심각한 소외감을 초래했다. 노동자는 생산 과정 전반에 대한 통제력을 상실했고, 자신의 업무를 자율적으로 조정하거나 창의적으로 개입할 수 있는 기회도 제한받았다. 노동은 점차 자아실현이나 사회적 의미를 추구하는 활동이 아니라, 단지 생계를 유지하기 위한 반복적이고 기계적인 의무로 전락하게 되었다.

이러한 현상을 독일 철학자 카를 마르크스(Karl Marx)는 '노동의 소외(alienation)' 개념으로 설명했다. 그는 산업 사회에서 노동자가 자신의 노동 과정뿐 아니라 노동의 결과물로부터도 분리되고, 궁극적으로는 자기 자신과 인간적 본질로부터 소외된다고 비판했다. 마르크스에 따르면 이러한 소외는 자본주의적 생산 방식이 필연적으로 낳는 구조적 문제로, 인간 노동의 의미를 근본적으로 왜곡하는 원인이 된다.

결국 산업 혁명은 인간 노동을 효율성과 생산성을 높이는 방향으로 재구성했지만, 그 이면에서는 노동자의 자율성과 인간성이 희생되는 결과를 초래했다. 이러한 노동 환경의 소외와 인간성 상실 문제는 이후 정보화 시대와 AI 시대에도 반복적으로 등장하며, 우리가 앞으로 노동의 가치를 어떻게 재정립해야 하는지에 대한 근본적인 질문을 던지고 있다.

플랫폼 경제와 노동의 불안정화: 독립 계약자 증가와 노동자의 권리 보호 필요성

21세기 들어 디지털 기술의 발전은 '플랫폼 경제(Platform Economy)'라는 새로운 노동 환경을 만들어 냈다. 우버(Uber), 에어비앤비(Airbnb), 배달의민족과 같은 서비스를 운영하는 플랫폼 기업들은 소비자와 서비스 제공자를 디지털 플랫폼으로 연결하면서 빠르게 성장했다. 플랫폼 노동은 기존의 전통적 고용 관계와 달리 노동자를 독립 계약자로 규정하는 것이 일반적이다. 이는 기업 입장에서는 고용과 관련된 비용과 책임을 최소화할 수 있는 효율적인 방식이지만, 노동자에게는 고용 불안정과 소득 변동성을 심화하는 결과를 초래했다(Schor, 2020).

플랫폼 노동자들은 기업의 정규 직원이 아니라 독립 계약자로 분류됨에 따라 노동법의 보호를 거의 받지 못한다. 노동 시간, 임금, 휴식권과 같은 노동의 기본적 권리를 제대로 보장받지 못하며, 사회 보험과 같은 사회적 안전망의 혜택에서도 제외되는 경우가 많다. 게다가 노동자 개인이 업무 수행 과정에서 발생하는 비용과 위험을 대부분 감당해야 하므로, 노동자의 경제적 불안정성이 크게 증가된다.

이러한 불안정성은 노동 시장 내의 양극화를 심화하는 요인이 된다. 플랫폼 노동에 종사하는 노동자들의 경우, 일정한 업무와 소득을 예측하기 어렵기 때문에 금융기관에서의 신용 평가가 낮아지고, 이는 다시 경제적 불안정을 심화하는 악순환을 낳는다. 노동 환경의 불확실성이 높아질수록 노동자들은 장시간 노동이나 과도한 업무 부담을 감수할 수밖에 없는 상황에 놓이게 된다.

미국 캘리포니아의 'AB5 법안'이나 유럽연합(EU)의 '플랫폼 노동자 보호 지침(Platform Work Directive)'과 같은 법적 시도는 플랫폼 노동자의 고용 상태를 명확히 하고, 기업의 책임을 확대함으로써 이러한 문제를 해결하려는 노력을 보여 준다(European Commission, 2024). 플랫폼 노동자에게도 기본적인 노동권을 보장하고, 기업과의 공정한 관계를 설정하는 것이 시급한 과제가 되었다.

플랫폼 경제가 불러온 노동 환경의 변화는 노동자 권리 보호를 위한 사회적 논의와 정책적 대응이 필수적임을 시사한다. 노동자들이 안정적이고 지속 가능한 노동 환경에서 일할 수 있도록 제도적 장치를 마련하지 않는다면, 경제적 불평등과 사회적 불안정성은 더욱 심각해질 것이다.

참고문헌

European Commission(2024). Directive (EU) 2024/2831 of the European Parliament and of the Council on improving working conditions in platform work. https://eur-lex.europa.eu/eli/dir/2024/2831/oj/eng

Harari, Y. N.(2014). *Sapiens: A brief history of humankind.* Random House.

McAfee, A. & Brynjolfsson, E.(2017). *Machine, platform, crowd: Harnessing our digital future.* W. W. Norton & Company.

Schor, J.(2020). *After the gig: How the sharing economy got hijacked and how to win it back.* University of California Press.

Scott, J. C.(2017). *Against the grain: A deep history of the earliest states.* Yale University Press.

Taylor, F. W.(1911). *The principles of scientific management.* Harper & Brothers Publishers.

02
AI가 촉발한 노동 환경의 거대한 전환

AI 기술의 급속한 발전은 노동 환경을 근본적으로 변화시키고 있다. 일자리의 소멸과 생성, 노동 시장의 양극화 문제, 제조업과 서비스업 및 전문직 등 산업 전반에서 나타나는 구체적인 변화를 중심으로 살펴본다.

AI와 MBTI?

AI 기술 도입과 일자리의 소멸 및 생성: 고용 구조의 재편과 노동자의 재교육 필요성

AI의 등장은 노동 시장에 전례 없는 거대한 변화를 가져오고 있다. 세계경제포럼(World Economic Forum, 2023)에 따르면, 2027년까지 AI로 인해 약 8500만 개의 일자리가 소멸할 것으로 예상되며, 동시에 새로운 직종이 약 9700만 개 탄생할 것으로 전망된다. 이는 산업 전반에서 자동화와 AI 도입이 급속히 진행됨에 따라 기존 일자리의 상당수가 근본적으로 변화하거나 사라질 수 있음을 시사한다.

AI 기술은 단순 반복 업무뿐 아니라 금융, 의료, 법률 등 고도의 전문 영역에도 침투하고 있다. 예를 들어, 골드만삭스(Goldman Sachs)는 투자 분석 업무를 AI로 자동화하여 전통적인 분석가의 업무 비중을 대폭 줄이고 있다(Goldman Sachs, 2024). 제조업에서는 아마존(Amazon)이 AI 기반의 자동화 로봇을 도입해 물류 창고의 인력 수요를 약 30% 줄였으며, 반대로 로봇 관리나 데이터 분석과 같은 새로운 직무를 만들어 내고 있다(Amazon, 2024).

그러나 이 과정에서 기존 노동자들이 새로운 직무로 이동하거나 전환하는 데 어려움을 겪으며 사회적 불안정성이 높아지고 있다. OECD(2023)의 보고서에 의하면, 자동화로 인해 일자리를 잃은 노동자의 약 60%가 비슷한 조건의 새로운 직장을 얻지 못하고 저숙련 일자리로 이동하는 경우가 많다. 특히 중장년층 노동자의 경우 디지털 기술 역량 습득이 상대적으로 더디기 때문에, 변화의 속도를 따라가지 못하고 노동 시장에서 더욱 소외될 수 있다.

이러한 문제를 해결하기 위해서는 노동자들이 신속히 변화하는 기술 환경에 적응할 수 있도록 재교육과 역량 전환을 위한 적극적이고 체계적인 지원이 필수적이다. 미국의 마이크로소프트(Microsoft)는 '스킬 포 잡(Skills for Jobs)' 프로그램을 통해 연간 100만 명 이상의 노동자에게 AI와 데이터 분석 교육을 제공하며, 독일 정부(BMAS)는 디지털 역량 강화를 위한 국가 차원의 교육 프로그램을 운영 중이다.

결국 AI 시대 노동 시장에서 지속 가능성을 확보하기 위해서는 고용 구조의 변화를 면밀히 관리하고, 노동자 재교육을 위한 정책적 투자를 확대하는 것이 핵심 과제다.

노동 시장의 양극화 심화: 기술 격차와 노동 시장의 새로운 불평등 구조

AI 기술의 급격한 확산은 노동 시장에서 효율성과 생산성을 크게 높였지만, 그와 동시에 노동 시장의 구조적 양극화 문제도 심화하고 있다. 기술 발전이 가져온 가장 큰 변화는 일자리와 소득의 불균형 확대다. AI 기술에 능숙한 소수의 고숙련 노동자들은 높은 임금과 더 나은 근로 조건을 누리게 되었으나, 이에 적응하지 못하는 저숙련 노동자들은 노동 시장에서 밀려나거나 불안정한 저임금 일자리에 머무를 가능성이 높다.

특히 중간 숙련을 요구하는 사무직, 제조업 및 서비스업 일부 직무가 AI의 빠른 도입으로 인해 자동화되면서, 일자리 구조가 고숙련 직무와 저숙련 직무로 양분되고 있다(OECD, 2023). 예를 들어, 금융 및 법률 산업에서는 AI가 데이터 분석과 단순 계약서 작성 업무를 대체하며 기존의 중간 관리자급 일자리가 축소되는 현상이 두드러지고 있다. 반면, 복잡한 분석이나 전략적 의사 결정 능력을 갖춘 고숙련 노동자의 일자리는 오히려 늘어나고 있다.

노동 시장 양극화의 핵심 원인은 디지털 기술 역량 차이에 기인한다. 디지털 리터러시(Digital Literacy), 데이터 분석 능력, AI 도구 활용 능력 등 고도화된 기술 역량을 보유한 노동자는 지속적으로 증가하는 수요로 높은 보상을 얻지만, 그렇지 못한 노동자는 점점 일자리 기회에서 소외될 가능성이 높다. 한국에서도 IT 분야의 노동자들은 AI 기술의 도입에 따라 직무가 세분화되며, 특히 주니어급이나 신입 직원들은 일자리 유지와 진입에 어려움을 겪고 있다(김주희 외, 2024).

이러한 노동 시장의 양극화 문제는 경제적 불평등을 넘어 사회적 안정성까지 위협할 수 있다. 따라서 정부와 기업의 적극적인 정책적 대응이 절실히 필요하다. 독일과 북유럽 국가들처럼 노동자의 디지털 역량 강화를 위한 적극적 재교육 프로그램과 평생 학습 체계를 확대하고, 사회적 안전망을 강화하여 노동자들이 일자리 전환 과정에서 소외되지 않도록 지원해야 한다.

결국 AI 시대의 노동 시장이 직면한 가장 큰 과제는 기술 발전과 함께 발생하는 노동 시장 양극화를 어떻게 관리하고, 포용적이고 공정한 노동 구조를 어떻게 만들어 나갈 것이냐다. 이는 기술 자체의 문제가 아니라 사회 전체가 함께 해결해야 할 중요한 과제다.

산업별 AI 도입 사례: 제조업, 서비스업, 전문직의 업무 환경 변화

AI 기술은 산업 전반에 걸쳐 노동 환경을 크게 바꾸고 있다. 특히 제조업, 서비스업, 전문직 등 주요 산업 분야는 AI 도입에 따라 일자리 구조와 업무 방식이 근본적으로 재편되고 있다.

먼저, 제조업은 AI 기술이 가장 빠르게 확산된 대표적인 분야다. 독일의 지멘스(Siemens)는 AI와 사물 인터넷(IoT, Internet of Things) 기술을 접목한 스마트 팩토리를 구축하여, 로봇과 협력 로봇(cobot)이 반복적이고 위험한 작업을 대신 하도록 했다(Siemens). 제조 라인의 유지 보수와 품질 검사는 AI가 예측하고 진단하는 시스템으로 전환되었으며, 노동자의 업무는 주로 시스템 감독과 문제 해결에 집중되도록 변화했다. 이러한 전환은 생산성을 높일 뿐 아니라, 작업자의 안전과 근무 환경까지 개선하는 효과를 가져오고 있다.

서비스업 분야에서도 AI 도입은 일반화되고 있다. 대표적으로 아마존과 맥도날드(McDonald's) 같은 기업들이 AI 챗봇과 키오스크를 도입해 고객 응대와 주문 프로세스를 자동화했다(Amazon, 2024). 이를 통해 고객 서비스 업무가 효율화되었지만, 기존 인력의 상당수가 고객 응대 업무에서 배제되고 역할이 재편되면서 직무 만족도가 저하되는 부작용도 발생했다. 호텔 및 관광 산업에서는 매리엇(Marriott)이 AI 기반의 맞춤형 고객 서비스를 통해 효율성을 높였으나, 직원들의 업무가 단순 보조 업무로 축소되며 일자리 안정성이 위협받기도 했다(Marriott International, 2024).

전문직 분야에서도 AI는 큰 변화를 가져왔다. 금융 및 법률 서비스 분야에서 AI는 데이터 분석과 문서 검토 작업을 대체하며, JP모건(J.P.Morgan) 같은 글로벌 금융기관들은 AI 기반 투자 분석 시스템을 도입하여 전문직 인력을 상당수 축소하거나 재배치했다(Goldman Sachs, 2024). 법률 분야에서는 글로벌 로펌인 베이커 매켄지(Baker McKenzie)가 AI 소프트웨어를 활용해, 과거에는 수일이 걸렸던 자료 검토 업무를 몇 시간 만에 처리하면서 업무 효율을 크게 높였다(Baker McKenzie, 2024).

이러한 산업별 AI 도입 사례들은 AI 기술이 단순히 업무 효율화만을 의미하지 않으며, 노동자의 역할과 노동 환경을 근본적으로 재구성하고 있음을 시사한다. AI가 업무의 반복적 부분을 처리할수록 노동자의 역할은 점점 더 복합적이고 창의적인 문제 해결과 AI 시스템 관리 중심으로 전환된다. 따라서 노동자들이 새로운 기술 변화에 적극적으로 적응할 수 있도록 산업과 직종별 맞춤형 재교육 및 평생 학습 체계를 마련하는 것이 매우 중요한 과제가 되었다. AI 기술의 확산을 인간의 노동 환경 개선과 공존의 방향으로 이끌기 위한 적극적인 대응이 필요한 시점이다.

참고문헌

김주희 외(2024). AI 시대의 IT 업무 환경 변화: IT 전문가들이 본 미래 전망과 필수 역량. 《지능정보연구》, 30(4), 369~392쪽.

Amazon(2024). 2023 Annual Report. https://s2.q4cdn.com/299287126/files/doc_financials/2024/ar/Amazon-com-Inc-2023-Annual-Report.pdf

Baker McKenzie(2024). Baker McKenzie Annual Sustainability Report 2024. https://www.bakermckenzie.com/-/media/files/newsroom/2024/baker-mckenzie-annual-sustainability-report-2024.pdf

BMAS. Publikationen – Digitale Kompetenzinitiative und weitere Programme. https://www.bmas.de/DE/Service/service.html

Goldman Sachs(2024). 2023 Annual Report. https://www.goldmansachs.com/investor-relations/financials/current/annual-reports/2023-annual-report

Marriott International(2024). 2023 Annual Report. https://marriott.gcs-web.com/static-files/bb2be39e-790e-49c3-b247-3ce75f0e3ee8

OECD(2023). OECD Employment Outlook 2023: Artificial

Intelligence and the Labour Market.
https://www.oecd.org/en/publications/oecd-employment-outlook-2023_08785bba-en.html
Siemens. Transform Your Manufacturing with Siemens Smart Factory Solutions.
https://www.siemens.com/us/en/company/topic-areas/smart-factory.html
World Economic Forum(2023). The Future of Jobs Report 2023.
https://www.weforum.org/publications/the-future-of-jobs-report-2023/

03
그림자 노동의 현대적 확장

그림자 노동은 현대 사회에서 더욱 복잡하고 은밀한 방식으로 확장되고 있다. 이반 일리치의 개념을 현대적으로 재해석하고, 디지털 기술 발전과 셀프서비스 증가로 나타난 노동 착취의 현실을 분석한다.

AI와 난임 극복?

이반 일리치의 그림자 노동과 현대적 재해석: 소비자에게 전가된 노동의 본질적 의미

'그림자 노동(Shadow Work)'이라는 개념은 오스트리아의 철학자이자 사회사상가인 이반 일리치(Ivan Illich)가 최초로 제안한 것이다. 그는 《그림자 노동(Shadow Work)》(1981)이라는 저서에서 이를 '임금을 받지 않고도 일상적으로 수행하는 무급 노동'으로 정의했다. 일리치가 제시한 이 개념은 현대 자본주의 사회에서 기업이나 국가가 제공해야 할 서비스의 책임을 소비자 개인에게 전가하여, 결과적으로 기업의 비용 절감과 경제적 이익 증가를 가져오는 구조를 비판하는 것이었다.

일리치에 따르면 그림자 노동은 소비자 스스로가 노동의 본질을 인식하지 못한 채, 자신을 단순한 소비자로만 인지하도록 만들기 때문에 더욱 위험하다. 대표적인 사례는 주유소에서 소비자가 직접 주유하거나, 은행에서 ATM을 이용하여 스스로 현금을 인출하는 행위에서 쉽게 찾아볼 수 있다. 이러한 셀프서비스 방식은 소비자에게 편리함과 효율성이라는 이점으로 홍보되지만, 실상 기업 입장에서는 노동력을 추가 고용하지 않고 비용을 절감하는 수단이 된다. 결국 소비자들이 본인의 시간과 노동력을 제공하면서도, 정당한 보상을 받지 못하고 기업의 이윤 창출에 기여하게 되는 것이다.

일리치는 그림자 노동이 단지 비용 절감의 문제를 넘어, 노동의 사회적 가치와 의미를 은폐하고 있다고 비판한다. 소비자가 노동의 가치를 명확히 인식하지 못한 상태에서 자신의 시간과 노력을 기업에 무상으로 제공하게 되면, 노동 자체의 의미와 가치가 사회적으로 왜곡될 수밖에 없다. 이는 노동의 정당한 평가를 어렵게 만들고, 노동자의 권리와 노동 환경 개선을 위한 논의를 약화하는 결과로 이어진다.

현대 사회에서 그림자 노동 개념은 더욱 폭넓고 정교한 방식으로 재해석되고 있다. 특히 디지털 기술의 발전으로 온라인 쇼핑, 무인 키오스크 등 셀프서비스 방식이 폭발적으로 증가하면서 소비자의 그림자 노동도 급격히 늘어나고 있다.

현대적 그림자 노동의 더 큰 문제점은, 노동을 수행하는 소비자 자신이 이러한 행위를 노동으로 전혀 인식하지 못한 채 자연스럽게 받아들이고 있다는 데 있다. 소비자는 점점 더 많은 형태의 셀프서비스 업무를 수행하면서도, 그것이 기업이 본래 제공해야 할 노동을 대신하는 행위라는 것을 인지하지 못한다. 노동에 대한 명확한 사회적 인식의 결여는 노동자 개인의 권리 인식과 노동 조건 개선을 위한 사회적 합의를 어렵게 만드는 요인이 된다.

이처럼 그림자 노동 개념은 현대 사회에서 노동이 소비자 개인에게 어떻게 전가되고 있는지를 명확히 인지하게 하고, 이를 통해 노동의 사회적 가치와 권리 보호의 중요성을 다시금 일깨워 준다. 따라서 우리는 소비자가 자신이 수행하는 무의식적인 노동을 명확히 인식할 수 있도록 사회적 논의를 확대하고, 제도적으로 노동의 경계를 재정립할 필요가 있다. 소비자의 노동이 기업의 비용 절감 수단으로만 남지 않고, 정당한 보상과 인정을 받을 때 비로소 지속 가능한 노동 환경이 구축될 수 있을 것이다.

크레이그 램버트의 현대적 그림자 노동: 셀프서비스의 확산과 그에 따른 노동 착취

크레이그 램버트(Craig Lambert)는 저서 《그림자 노동의 역습》(2015/2016)에서 현대 자본주의가 소비자에게 강요하는 그림자 노동의 현실을 매우 명확히 지적하고 있다. 그는 그림자 노동을 일상생활에서 소비자가 무의식적으로, 혹은 강제적으로 수행하게 되는 무보수 노동으로 정의하고, 특히 디지털 시대의 급속한 셀프서비스 확산에 주목한다.

현대 사회에서 셀프서비스의 확산은 무인 계산대, 셀프 주유소, 온라인 뱅킹과 쇼핑 등 일상의 거의 모든 영역에 걸쳐 폭넓게 나타나고 있다. 예를 들어, 과거 슈퍼마켓에서는 계산원들이 모든 상품의 결제를 도왔지만, 현재 대부분의 매장에서는 소비자들이 직접 무인 키오스크를 통해 계산을 해야 한다. 소비자는 마치 직원처럼 상품을 직접 스캔하고 결제하는 작업을 수행하면서 자연스럽게 노동자로서의 역할을 수행한다. 기업은 이를 통해 인건비를 절약하고 서비스 효율성을 높일 수 있지만, 소비자는 이러한 노동에 대한 아무런 경제적 보상이나 혜택도 받지 못한 채 자신의 시간과 노력을 기업에 제공하게 된다.

램버트는 소비자들이 이러한 노동을 스스로 수행하는 것을 일종의 '편리함'이나 '자율성'으로 받아들이게 되는 것이 문제의 핵심이라고 지적한다. 실제로 기업들은 셀프서비스 시스템을 도입하면서 소비자에게 "자신의 시간과 선택을 스스로 통제할 수 있다"는 메시지를 강조하지만, 실제로는 비용과 책임을 소비자에게 전가하는 것이다. 특히 소비자가 이러한 노동을 수행하는 시간은 기업이 노동자를 고용해 처리해야 할 시간이기 때문에, 본질적으로 기업은 소비자의 시간과 노동력을 무상으로 착취하는 셈이다.

이케아(IKEA)의 사례는 램버트가 강조한 그림자 노동의 전형이다. 이케아는 소비자가 직접 가구를 조립하는 방식을 통해, 가구 생산에 소요되는 상당한 인건비를 절감할 수 있었다. 소비자는 마치 이케아의 노동자처럼 자신의 노동력을 투입해 제품을 완성하지만, 소비자의 노동은 결코 노동으로 인정받지 못하며 당연하게 여겨질 뿐이다. 소비자는 기업이 절약한 비용을 상품의 낮은 가격이라는 형태로 일부 환급받지만, 실제 노동력 투입에 비하면 매우 불균형한 보상이다.

램버트는 또한 셀프서비스의 확산이 소비자의 시간을 분절화하고, 여유 시간을 빼앗아 삶의 질을 저하시킨다고 경고한다. 편리함을 명분으로 소비자는 점점 더 많은 일을 스스로 수행해야 하며, 이는 삶의 스트레스와 피로도를 높여 결국 소비자의 정신적, 신체적 건강에도 부정적 영향을 미친다.

결국 현대 사회에서 셀프서비스 형태로 만연하게 퍼진 그림자 노동은 소비자의 노동력을 경제적 대가 없이 착취하고, 노동의 사회적 가치를 왜곡하는 심각한 문제를 초래한다. 따라서 이러한 노동을 정당하게 인식하고,

소비자의 권리를 보호할 수 있는 사회적 · 제도적 논의와 정책적 대응이 필수적으로 요구된다.

디지털 환경에서 그림자 노동의 확장: 온라인 무급 노동의 증가와 대응 필요성

디지털 기술의 발전으로 그림자 노동은 더 은밀하고 광범위하게 확장되고 있다. 이전의 그림자 노동이 주로 소비자의 직접적인 육체노동을 요구했다면, 현재의 디지털 그림자 노동은 소비자의 온라인 활동과 데이터를 무상으로 활용하는 방식으로 나타난다. 쇼샤나 주보프(Shoshana Zuboff)는 이러한 현상을 '감시 자본주의(surveillance capitalism)'라 명명하며, 소비자들이 일상적으로 인터넷 검색, 사회 관계망 서비스(SNS, Social Networking Service) 이용, 온라인 쇼핑 등을 하면서 자신도 모르게 기업의 수익 창출에 기여하고 있다고 지적했다(Zuboff, 2019/2021).

예컨대 구글(Google), 페이스북(Facebook)과 같은 기업은 소비자의 검색어, 클릭 기록, 개인적 취향 등의 데이터를 맞춤형 광고와 AI 알고리즘 개발에 활용한다. 소비자 개인은 이러한 데이터 노동이 경제적 가치가 있음을 인식하지 못하고, 오히려 서비스를 이용하는 대가로 인지하며 무상 제공하고 있다. 특히 디지털 서비스 이용이 개인 정보 제공과 직접 연결되어 있어 사실상 선택권 없이 데이터를 제공할 수밖에 없는 구조적 강제성 문제도 심각하다.

이러한 디지털 그림자 노동의 가장 큰 문제는 데이터의 경제적 가치가 소비자에게 전혀 돌아가지 않는다는 점이다. 기업은 막대한 경제적 이익을 얻지만, 소비자는 데이터 제공으로 인해 프라이버시 침해와 자율성 훼손이라는 불이익만 떠안게 된다. 또한 소비자가 노동으로서 데이터 제공 행위를 인지하지 못함에 따라, 정당한 노동 가치와 권리 보상에 대한 논의가 사회적으로 이루어지지 않고 있다.

이 문제를 해결하려면 디지털 그림자 노동의 사회적 가치를 명확히 하고, 이를 보상할 수 있는 제도적 장치 마련이 필요하다. 유럽연합(EU)의 일반개인정보보호규정(GDPR)이나 디지털 서비스법(DSA)처럼 데이터 제공자의 권리 보호를 강화하고 데이터 제공 여부에 대한 실질적 선택권을 소비자에게 보장하는 제도가 대표적이다. 또한 소비자가 자신의 데이터 제공을 노동으로 인식하고 정당한 권리를 요구할 수 있도록 사회적 인식을 전환하는 노력도 시급하다. 디지털 그림자 노동의 가치를 인정하고, 소비자 권리 보호를 위한 사회적 합의와 적극적인 제도적 대응이 필요한 때다.

참고문헌

European Commission(2022). Digital Services Act (DSA). https://digital-strategy.ec.europa.eu/en/policies/digital-services-act-package

EU(2016). Regulation (EU) 2016/679 of the European Parliament and of the Council (OJ L 119/1). https://eur-lex.europa.eu/legal-content/EN/TXT/PDF/?uri=CELEX:32016R0679

Illich, I.(1981). *Shadow Work*. Marion Boyars Publishers.

Lambert, C.(2015). *Shadow Work: the unpaid, unseen jobs that fill your day*. Counterpoint Press. 이현주 옮김(2016). 《그림자 노동의 역습: 대가 없이 당신에게 떠넘겨진 보이지 않는 일들》. 민음사.

Zuboff, S.(2019). *The Age of Surveillance Capitalism: The Fight for a Human Future at the New Frontier of Power*. PublicAffairs. 김보영 옮김(2021). 《감시 자본주의 시대: 권력의 새로운 개척지에서 벌어지는 인류의 미래를 위한 투쟁》. 문학사상사.

04
디지털 그림자 노동, AI가 만들어 내는 착취

디지털 환경은 소비자의 무형적 노동을 강제하는 새로운 착취 구조를 만들고 있다. 데이터 경제 속 소비자 노동의 강제성과 무보상 문제를 분석하고, 이를 극복할 수 있는 사회적 · 정책적 대응을 논의한다.

AI와 사주?

디지털 그림자 노동의 개념과 등장 배경: 데이터 경제와 강제성의 문제

'디지털 그림자 노동(Digital Shadow Work)'은 최근 디지털 환경에서 발생하는 노동의 새로운 형태를 지칭하는 개념이다. 소비자들이 온라인 서비스 이용 과정에서 본인의 데이터와 행동 정보를 무의식적이고 강제적으로 제공하며 기업의 경제적 이익 창출에 무상으로 기여하는 노동을 의미한다. 박상철 외(2020)는 디지털 그림자 노동을 '소비자가 의도하지 않은 상태에서 무보수로 수행하게 되는 온라인 데이터 노동'으로 정의하면서, 디지털 플랫폼의 확산과 데이터 중심 경제에서 급증하고 있다고 강조했다.

디지털 그림자 노동의 등장으로, 디지털 플랫폼 기업들은 데이터의 수집과 분석을 주요 비즈니스 모델로 삼으며 폭발적으로 성장할 수 있었다. 구글(Google), 페이스북(Facebook), 아마존(Amazon) 등 거대 기술 기업들은 소비자가 온라인에서 수행하는 검색, 쇼핑, 사회 관계망 서비스(SNS, Social Networking Service) 이용과 같은 일상적 행위를 통해 데이터를 수집하고 분석하여, 타깃 광고와 맞춤형 서비스의 기반을 구축한다. 소비자는 자신이 생산한 데이터가 기업에 엄청난 가치를 제공하고 있음을 인식하지 못한 채, 단순히 무료 서비스 이용의 대가로 데이터를 제공하게 된다.

특히 디지털 그림자 노동의 문제는 소비자가 데이터를 제공하는 과정에서 선택의 여지가 없다는 점이다. 소비자는 대부분의 온라인 서비스를 이용하기 위해 개인 정보 제공에 동의해야만 하며, 사실상 데이터 제공을 강요받는다. 전통적인 노동과 달리, 소비자의 선택권이 철저히 제한된 상태에서 노동이 이루어지기 때문에 '강제성'이라는 심각한 문제가 발생한다. 유럽연합(EU)이 일반개인정보 보호규정(GDPR)이나 디지털 서비스법(DSA) 등을 통해 데이터 제공자의 권리를 강화하려는 시도를 하는 것도 바로 이 때문이다.

이러한 강제적 구조는 데이터의 경제적 가치를 소비자가 인식하지 못하도록 은폐하고, 데이터 노동에 대한 정당한 보상을 어렵게 만든다. 소비자는 본인의 데이터 노동에 대해 경제적 보상을 받을 권리를 주장할 수 없는 반면, 기업은 이를 통해 막대한 수익을 얻는다. 따라서 디지털 그림자 노동의 개념을 사회적으로 명확히 하고, 데이터의 경제적 가치와 권리를 공정하게 분배할 수 있는 제도적 대응이 시급하다. 이는 데이터 중심의 경제가 지속 가능하게 발전할 수 있게 하는 데 필수적 과제다.

데이터 노동의 대가성 결여와 소비자 권리 문제: 무형의 노동에 대한 경제적 보상 필요성

디지털 그림자 노동이 전통적 노동과 구별되는 가장 큰 특징은 소비자들이 제공하는 데이터 노동에 대한 경제적 보상, 즉 대가성이 거의 없다는 점이다. 디지털 시대의 소비자들은 무형의 데이터 형태로 기업에 노동력을 제공하지만, 이러한 데이터가 기업에 막대한 경제적 가치를 창출하고 있다는 사실을 명확히 인지하지 못하며, 데이터 제공에 따른 정당한 보상도 받지 못한다. 소비자는 디지털 서비스를 무료로 이용한다는 이유로 자신의 데이터를 제공하는 것을 당연하게 여기지만, 실제로 기업이 소비자로부터 얻는 데이터 가치는 소비자가 얻는 서비스 가치를 압도적으로 능가한다(Zuboff, 2019/2021).

데이터 노동의 대가성이 결여된 이유는 데이터 노동의 본질 자체가 무형이고 비가시적이기 때문이다. 소비자가 온라인 플랫폼에서 검색, 클릭, 쇼핑, SNS 활동 등을 수행할 때마다 생산되는 데이터는 기업의 알고리즘 훈련과 맞춤형 광고 제공의 핵심 자원이 된다. 그러나 소비자는 이러한 활동을 일상적인 소비 행위의 연장선으로만 인식할 뿐 노동으로 여기지 않기 때문에, 데이터 노동에 대한 정당한 가치를 요구하거나 인정받지 못한다.

이러한 구조적 문제는 기업과 소비자 사이의 심각한 권력 불균형을 초래한다. 기업은 소비자의 데이터를 활용하여 천문학적 수익을 얻지만, 소비자는 데이터 노동의 대가를 주장할 수 있는 권리조차 제대로 확보하지 못한 상태다. 구글이나 페이스북과 같은 거대 플랫폼 기업들이 매년 수백억 달러 이상의 광고 수익을 올리는 반면, 이 수익의 근본적 원천인 소비자에게는 경제적 보상이 거의 제공되지 않고 있다. 이는 현대 자본주의에서의 새로운 착취 구조로 볼 수 있다.

이에 따라 소비자의 데이터 노동을 명확히 인정하고, 데이터 노동에 대한 정당한 보상 체계를 마련하는 것이 시급하다. 최근 일부 국가와 기업은 소비자에게 데이터 배당(Data Dividend)과 같은 경제적 보상을 제공하는 방식을 시범적으로 도입하고 있다. 예를 들어, 캘리포니아 주에서는 데이터 배당법(Data Dividend Act)을 논의하여, 소비자에게 데이터 활용에 따른 금전적 보상을 지급하는 방안을 검토하고 있다. 유럽연합 역시 GDPR과 같은 제도를 통해 데이터 제공자의 권리를 강화하고 있다.

결국 데이터 노동의 대가성을 정당하게 인정하고 소비자 권리를 강화하지 않는다면, 데이터 중심의 경제 구조는 장기적으로 사회적 갈등과 불공정 문제를 심화할 가능성이 높다. 따라서 데이터 노동을 명확히 인식하고, 이를 경제적 보상과 연결할 수 있는 사회적 · 법적 제도의 정비가 필수적인 시점이다.

디지털 그림자 노동을 극복하기 위한 사회적·정책적 대응 방안

디지털 그림자 노동의 확산과 그에 따른 무형의 노동 착취 문제는, 사회적 인식 전환과 적극적인 정책적 대응을 통해서만 해결될 수 있다. 디지털 플랫폼 경제에서 소비자의 데이터 노동은 이미 필수적인 생산 요소가 되었지만, 정당한 보상이 결여된 상태로 방치되면서 경제적 불평등과 노동 가치의 왜곡 현상이 심화되고 있다. 이를 극복하기 위한 다층적 접근이 필요하다.

첫째, 소비자의 데이터 노동 가치를 인정하고 보상할 수 있는 구체적인 법적 장치 마련이 요구되어야 한다. 유럽연합의 GDPR과 디지털 서비스법은 기업이 개인 데이터를 수집할 때 소비자의 명시적인 동의를 얻고, 데이터 사용 내역과 목적을 투명하게 공개하도록 규정하고 있다(European Commission, 2022). 이러한 제도는 소비자들이 데이터 노동에 대한 실질적 선택권과 통제권을 갖추게 하여 강제성을 완화하고, 개인 데이터를 자산으로 인식하도록 한다. 나아가 데이터 배당제와 같은 보상 체계 도입을 통해 데이터 제공자가 자신의 데이터 활용에 대한 직접적인 경제적 혜택을 얻을 수 있는 방안을 마련할 필요가 있다.

둘째, 데이터 노동의 가치를 소비자들이 인식할 수 있도록 사회적 논의와 교육이 이루어져야 한다. 많은 소비자들이 자신이 제공하는 데이터의 경제적 가치를 인지하지 못하고 무료 서비스에 대한 당연한 대가로 여기는 현실을 바꿔야 한다. 이를 위해 학교 교육, 사회적 캠페인, 공공 미디어 등을 활용하여 데이터가 현대 사회에서 갖는 경제적 가치와 소비자의 데이터 권리 인식을 높이는 것이 중요하다. 이는 장기적으로 소비자들이 자신의 데이터 노동을 명확히 인지하고, 권리를 적극적으로 요구할 수 있는 환경을 조성할 것이다.

셋째, 플랫폼 기업의 투명성을 높이고 데이터 수집과 사용에 대한 기업의 책임성을 강화해야 한다. 현재 대부분의 플랫폼 기업은 알고리즘과 데이터 처리 방식을 공개하지 않거나 매우 제한적으로 공개하고 있어 소비자 입장에서는 자신의 데이터가 어떻게 사용되고 있는지 파악하기 어렵다. 데이터 활용 방식과 수익 창출 과정을 투명하게 공개하고, 소비자가 데이터 제공 여부를 실질적으로 선택할 수 있도록 기업의 명확한 정보 제공과 선택권 보장을 의무화해야 한다.

마지막으로, 데이터 노동에 대한 국제적인 협력과 표준 마련이 필요하다. 디지털 경제의 특성상 데이터는 국경을 초월하여 유통되기 때문에 개별 국가 차원의 규제만으로는 한계가 있다. 국제기구나 국가 간 협력을 통해 데이터 노동에 대한 공통된 정의와 보상 체계를 마련하고, 데이터 활용에 대한 글로벌 윤리 규범을 확립해야 한다.

결국 디지털 그림자 노동의 극복은 단순히 기술적 문제가 아니라, 노동의 본질과 가치를 재정의하고 사회적 인식과 제도를 근본적으로 전환하는 과제다. 데이터 노동의 정당한 가치 인정과 공정한 보상 체계를 통해 디지털 경제가 지속 가능한 방식으로 발전할 수 있도록 적극적인 사회적 · 정책적 대응이 시급히 이루어져야 한다.

참고문헌

박상철 외(2020). 디지털 기술 환경에서의 그림자 노동 메커니즘 규명 연구. 《경영학연구》, 49(1), 31~50쪽.

European Commission(2018). General Data Protection Regulation (GDPR). https://gdpr.eu/

European Commission(2022). Digital Services Act (DSA). https://digital-strategy.ec.europa.eu/en/policies/digital-services-act-package

Zuboff, S.(2019). *The Age of Surveillance Capitalism: The Fight for a Human Future at the New Frontier of Power.* PublicAffairs. 김보영 옮김(2021). 《감시 자본주의 시대: 권력의 새로운 개척지에서 벌어지는 인류의 미래를 위한 투쟁》. 문학사상사.

05
가짜 노동, 노동의 의미와 가치에 대한 도전

가짜 노동의 확산은 현대 노동 환경에서 노동의 의미와 가치를 심각하게 위협한다. 조직 내 형식적 업무 증가와 생산성 저하 원인을 분석하고, 노동의 본질적 가치를 회복하기 위한 전략을 논의한다.

AI와 아이돌?

가짜 노동 개념과 조직 내 확산 원인

'가짜 노동(Pseudo-work)'은 덴마크의 철학자 데니스 뇌르마르크(Dennis Nørmark)와 아네르스 포그 옌센(Anders Fogh Jensen)이 저서 《가짜 노동》(2019/2022)에서 처음 제시한 개념이다. 이들은 가짜 노동을 '실질적인 가치 창출이나 생산적 결과 없이 형식적으로만 이루어지는 무의미한 노동'으로 정의하고, 현대 조직 내에서 급격히 증가하고 있다고 지적했다. 대표적인 예로 보고를 위한 보고서 작성, 목적 없는 회의, 단순한 이메일 응대와 같은 형식적이고 비생산적인 업무를 꼽을 수 있다.

뇌르마르크에 따르면, 가짜 노동이 조직 내에 만연하는 주된 이유 중 하나는 조직의 성과 측정 기준이 생산성과 효율성보다는 업무 시간과 형식적 결과물에 치우쳐 있기 때문이다. 즉, 업무 평가 방식이 정량적이고 형식적인 보고서 작성, 불필요한 문서 처리, 반복적인 회의 참여 등과 같은 무의미한 업무를 강제하고, 직원들로 하여금 실질적 성과보다는 보여 주기 위한 업무에 몰입하도록 만드는 것이다. 이는 노동자의 업무 스트레스와 피로감을 높일 뿐 아니라, 조직의 효율성과 혁신을 저해하는 결과를 초래한다.

가짜 노동의 또 다른 중요한 확산 원인은 조직 내 관리자가 불확실성과 책임 회피를 위해 형식적 업무를 과도하게 요구하기 때문이다. 많은 관리자들이 업무 결과에 대한 명확한 책임을 피하기 위해 각종 보고서와 문서 증빙을 지나치게 요구하고, 노동자들이 실제 업무보다는 이를 준비하는 데 더 많은 시간을 투입하게 만든다. 이는 결국 조직 전반에서 무의미한 업무가 반복적으로 생산되는 악순환을 낳는다.

가짜 노동이 조직에서 계속해서 재생산되는 가장 큰 이유는 노동자 개인과 조직 모두가 이를 문제로 인식하면서도, 정작 문제 해결을 위한 적극적 대응을 하지 않기 때문이다. 뇌르마르크와 옌센은 많은 노동자들이 가짜 노동의 무의미성을 잘 알고 있지만, 조직 내에서 이를 거부하거나 축소하자고 제안하기 어려운 분위기와 제도적 관행에 묶여 있다고 강조한다. 결국 가짜 노동은 조직 문화와 평가 기준이 근본적으로 변화하지 않는 한 지속적으로 증가할 가능성이 높다.

따라서 가짜 노동 문제를 해결하려면 조직 내부의 성과 평가 기준을 생산성과 실질적 성과 중심으로 재구성하도록 조직 문화 전반을 근본적으로 바꿔야 한다. 이를 통해 노동의 본질적 가치를 회복하고 노동자의 직무 만족도와 조직의 성과를 동시에 높이는 실질적 대응 방안을 마련해야 한다.

AI와 디지털 환경에서 가짜 노동의 심화 현상: 형식적 업무의 증가와 생산성 저하

AI와 디지털 기술의 급속한 도입은 조직의 업무 효율성과 노동자의 생산성을 높일 것으로 기대됐지만, 실제로는 오히려 '가짜 노동' 현상을 심화하는 역설적인 결과를 초래하고 있다. 최근 디지털 기반의 업무 환경에서 노동자들이 처리해야 할 업무량은 눈에 띄게 증가했으나, 그중 상당 부분은 형식적이며 실질적 기여도가 낮은 업무로 구성되어 있다.

대표적인 사례로는 이메일, 메신저, 협업 툴 등 디지털 커뮤니케이션 도구의 과잉 사용을 들 수 있다. 하버드 비즈니스 리뷰(Harvard Business Review, 2023)는 '바쁘게 보이려는 문화'가 현대 조직에서 하나의 사회적 신호이자 규범처럼 작동하고 있으며, 이는 필수적이지 않은 회의, 응답이 필요 없는 메시지, 피상적인 보고 메일 등을 양산한다고 지적했다. 이러한 디지털 커뮤니케이션의 과잉은 소통과 협업을 원활하게 하기보다는, 오히려 업무 집중도를 방해하고 실질적인 생산성을 저하시키는 부작용을 낳고 있다. 형식적인 메시지의 반복과 불필요한 확인 요청은 노동자의 에너지를 분산시키며, '항상 연결되어 있어야 한다'는 압박감은 심리적 피로를 가중하는 요인이 되고 있다.

AI 도구가 생산한 결과물을 반복적으로 재검토하고 수정해야 하는 업무 역시 가짜 노동을 확산시키는 주요 원인이다. AI 기반 시스템이 자동으로 보고서를 생성하거나 데이터 분석 결과를 제공하지만, 노동자는 그 결과를 다시 검토하고 실제 업무에서 사용할 수 있도록 형식적 보고서 형태로 재정리해야 한다. 이는 노동자가 AI 도구의 생산물을 단순히 확인하고 다듬는 비생산적이고 반복적인 업무에 몰입하게 만들어 오히려 업무의 효율성을 떨어뜨린다.

또한 조직 내 디지털 관리 시스템과 소프트웨어가 늘어나면서 직원들은 업무의 본질적 목표보다도 소프트웨어에 입력할 데이터를 수집하고 보고서를 작성하는 데 더 많은 시간을 쓰고 있다. 이는 업무의 효율성을 높이기 위한 기술이 노동자를 형식적인 데이터 입력과 문서 작업으로 묶어 두면서, 생산성을 오히려 저하시키는 역효과를 낳는다. 글로벌 조사 기관 갤럽(Gallup, 2023)의 보고서에 따르면, 직장인의 60% 이상이 자신이 수행하는 업무의 상당 부분이 비생산적이며 불필요하다고 응답했다.

결국 AI와 디지털 기술의 확산으로 조직은 표면적으로 바쁘게 돌아가지만, 정작 업무의 질과 조직의 생산성은 하락하는 문제가 발생한다. 따라서 조직은 디지털 도구와 AI 시스템의 도입을 무조건 늘리기보다, 디지털 기술과 자동화 시스템 자체를 실제 업무 생산성 향상에 기여하도록 정교하게 설계하고, 노동자가 가짜 노동이 아닌 본질적이고 가치 있는 업무에 집중할 수 있도록 업무 프로세스와 조직 문화를 재설계하는 노력이 필수적이다.

가짜 노동 감소를 위한 조직 전략과 노동의 본질적 가치 회복

가짜 노동의 문제를 해결하기 위해서는 조직 내부의 평가 기준과 업무 프로세스를 근본적으로 재구성해야 한다. 형식적이고 정량적인 보고와 평가에만 집중하는 기존의 관행에서 벗어나, 실제로 가치 있는 업무와 성과를 중심으로 조직의 목표와 운영 방식을 재정립하는 전략이 필요하다.

첫째, 성과 평가와 업무 프로세스를 생산성과 실질적인 업무 가치 중심으로 바꾸는 것이 필수적이다. 조직은 업무 평가 방식을 단순히 업무 시간과 형식적인 보고서 작성 여부가 아니라, 업무 결과가 조직 목표에 기여하는 정도와 그 질적 가치를 중심으로 변경해야 한다. 구글(Google), 마이크로소프트(Microsoft)와 같은 글로벌 기업들은 '목표 및 핵심 성과 지표(OKR, Objectives and Key Results)'라는 명확한 목표 관리 방식으로 직원들이 불필요한 형식적 업무 대신 조직의 실제 목표 달성에 집중할 수 있도록 유도하고 있다. 이러한 접근은 노동자의 자율성과 업무에 대한 몰입도를 높여 가짜 노동을 줄이는 데 효과적이다.

둘째, 조직은 기술 도입과 디지털 도구 사용의 목적을 명확히 하고, 업무 효율성에 기여하는 방식으로만 활용해야 한다. 무조건적인 디지털 도구의 확장은 직원들에게 오히려 업무 혼란과 불필요한 데이터 입력 업무만 증가시킬 뿐이다. 따라서 도입된 모든 디지털 도구와 소프트웨어가 실제 업무 성과와 직결되는지 정기적으로 평가하고, 불필요한 보고와 소통을 줄이기 위한 명확한 내부 가이드라인을 설정할 필요가 있다. 예컨대, 업무 메일과 메시지의 시간대 제한, 형식적인 보고서 제출 폐지 등 구체적이고 명확한 업무 규칙이 정착되어야 한다.

셋째, 조직 내 가짜 노동의 근본적 해결을 위해서는 경영진과 관리자의 인식 변화와 솔선수범이 매우 중요하다. 관리자들이 먼저 업무의 본질적 가치에 집중하고 형식적 업무를 최소화하는 모습을 보여야, 직원들도 가짜 노동에서 벗어나 실질적이고 생산적인 업무에 집중할 수 있게 된다. 이를 위해 경영진은 직원의 실질적 업무 가치를 높이는 조직 문화를 조성하고, 불필요한 형식적 업무를 요구하지 않는 관리 문화를 확산시키는 노력을 기울여야 한다.

마지막으로, 노동의 본질적 가치 회복을 위한 사회적 · 문화적 인식 변화가 필요하다. 노동의 질적 가치에 대한 사회적 인식 전환은 기업 내부뿐 아니라 사회 전반에 걸쳐 이루어져야 한다. 노동이 단지 시간을 채우는 행위가 아니라, 사회와 조직에 실질적으로 기여하고 개인의 자아실현을 가능하게 하는 활동으로 인식되도록 교육과 캠페인을 확대하는 것이 중요하다.

결국 가짜 노동을 해소하고 지속 가능한 노동 환경을 만들기 위해서는 노동의 본질적 가치에 대한 사회적 재정립과 조직 차원의 실질적인 변화가 필수적이다. 조직이 생산적 업무 중심으로 명확히 전환하고 노동자가 가치 있는 업무에 집중할 수 있을 때, 비로소 가짜 노동이 감소하고 노동자와 조직이 함께 성장할 수 있는 건강한 노동 환경이 구축될 것이다.

참고문헌

Gallup(2023). State of the Global Workplace Report 2023. https://www.gallup.com/workplace

Harvard Business Review(2023). Beware a culture of busyness. https://hbr.org/2023/03/beware-a-culture-of-busyness

Nørmark, D., & Jensen, A. F. (2019). *Pseudo-work: How we got busy doing nothing*. Gyldendal. 《가짜 노동: 우리는 왜 쓸모없는 일에 매달리는가》. 이수영 옮김(2022). 봄알람.

06
AI가 변화시키는 직업 구조와 노동의 가치

AI 기술은 직업의 구조와 노동의 가치를 근본적으로 변화시키고 있다. 직무의 본질적 변화와 인간 노동의 가치 재정의를 분석하고, 기술 격차에 따른 직업적 양극화를 극복하기 위한 정책 방향을 논의한다.

AI와 야구?

AI 기술 발전과 직무의 본질적 변화: 새로운 직무의 등장과 기존 업무의 재구성

AI 기술의 급속한 발전은 노동 시장에서 기존 직무의 본질을 근본적으로 변화시키고 있다. 과거 산업 혁명 당시 기계가 인간의 육체노동을 대체했던 것처럼, 오늘날의 AI는 반복적이고 단순한 지적 업무뿐 아니라, 금융, 법률, 의료 등 전문적인 영역의 업무에도 광범위하게 침투해 기존 업무 방식을 완전히 재편하고 있다.

AI 기술이 가장 빠르게 도입된 제조업 분야를 살펴보면, 인간 노동자의 역할이 근본적으로 달라지고 있음을 알 수 있다. 독일의 지멘스(Siemens)는 공장 내 생산 라인에 AI 기술을 적용하여 설비 유지 보수와 품질 관리를 자동화했다. 이로 인해 기존의 현장 노동자들은 더 이상 단순 반복 업무에 머무르지 않고, 생산 시스템을 감독하거나 문제 해결 능력을 요구하는 고차원적 업무로 이동하고 있다. 이는 노동자가 기계와 협력하여 창의적이고 복합적인 업무에 집중하도록 하는 형태로 직무를 재설계한 것이다(Siemens).

서비스업도 비슷한 변화를 겪고 있다. 고객 응대와 같은 단순 서비스 업무는 AI 챗봇이나 무인 키오스크가 담당하게 되면서, 인간 노동자의 업무는 고객과의 보다 깊이 있는 소통과 문제 해결 능력이 필요한 업무로 재편되고 있다. 아마존(Amazon)과 맥도날드(McDonald's) 등 글로벌 서비스 기업들은 이미 많은 부분에서 고객과의 상호 작용을 AI 기반 시스템으로 전환했으며, 직원들은 기계가 처리할 수 없는 복잡하고 창의적인 서비스 영역에 집중하도록 직무가 변화되었다(Amazon, 2024).

전문직 역시 AI 기술 도입으로 큰 변화를 맞이했다. 골드만삭스(Goldman Sachs)와 JP모건(J.P.Morgan)은 투자 분석 업무를 AI 기반의 시스템으로 대체하고 있으며, 법률 분야의 글로벌 로펌들도 AI 기반 소프트웨어를 활용해 계약서 분석과 판례 검토 작업을 처리하고 있다(Goldman Sachs, 2024). 이에 따라 변호사와 금융 분석가 같은 전문직 노동자들의 업무가 AI가 제공한 데이터를 바탕으로 더 복합적인 판단과 전략적 결정을 수행하는 방향으로 재구성되고 있다.

이 과정에서 '데이터 분석가', 'AI 윤리 전문가', 'AI 시스템 관리자'와 같은 새로운 직무들이 탄생하고 있다. 이 직무들은 디지털 리터러시와 고도의 전문 기술을 요구하며, 노동 시장에서 새로운 기회와 동시에 새로운 도전을 만들어 낸다. 이러한 변화에 성공적으로 대응하기 위해서는 기존 노동자에 대한 적극적 재교육과 새로운 디지털 역량 함양을 위한 사회적 · 정책적 지원이 필수다.

결국 AI 시대의 직무 변화는 단순히 기술적 차원이 아니라 노동의 본질과 가치를 새롭게 정의하는 문제다. AI 기술 도입이 노동자들에게 위협이 아닌 새로운 기회가 될 수 있도록, 적극적인 역량 개발과 재교육 전략이 함께 이루어져야 한다.

인간 노동의 가치 재정의

AI의 급속한 발전은 인간 노동의 가치를 재정의하는 계기를 마련해 준다. 전통적으로 노동의 가치는 주로 효율성, 생산성, 속도와 같은 양적 지표로 평가되었으나, AI가 단순하고 반복적인 업무를 대신 하면서 이제는 인간만이 가진 창의성, 공감 능력, 비판적 사고력과 같은 질적 요소들이 노동 가치의 중심으로 떠오르고 있다.

세계경제포럼(World Economic Forum, 2023)의 보고서는 향후 노동 시장에서 인간의 차별화된 강점으로 비판적 사고력, 창의성, 복합적 문제 해결 능력을 꼽고 있다. AI가 데이터 기반의 분석과 예측을 탁월하게 수행할 수 있지만, 창의적이고 혁신적인 사고나 인간적 공감을 바탕으로 한 소통 능력은 인간만이 가진 고유한 특성이기 때문이다. 실제로 기업에서도 AI 도입 이후 노동자의 핵심 역량으로 창의성과 비판적 사고 능력을 중시하는 경향이 강하게 나타나고 있다.

창의성은 특히 AI 시대에 인간 노동의 가치를 결정짓는 핵심 역량이다. AI 시스템은 정해진 데이터와 알고리즘의 틀 안에서 높은 효율성을 발휘하지만, 완전히 새로운 아이디어를 창출하거나 혁신적인 해결책을 제시하는 능력은 여전히 인간 노동자의 고유한 영역이다. 글로벌 컨설팅 기업 액센처(Accenture)의 조사에서도 AI 기술이 확산될수록 창의력을 갖춘 노동자의 경쟁력과 가치가 더욱 높아질 것으로 예상했다(Accenture, 2024).

공감 능력 또한 인간 노동의 중요한 가치로 강조된다. 의료, 서비스, 상담, 교육 등 사람과 직접 소통하고 상호작용이 핵심인 분야에서는 인간 노동을 AI로 완전히 대체하기 어렵다. 인간 노동자는 상대방의 감정과 상황을 이해하고 세심하게 대응하는 공감과 소통의 능력을 통해 AI와는 차별화된 가치를 제공할 수 있다. AI 시대에는 공감 능력을 가진 노동자가 더욱 존중받고, 그 가치를 인정받게 될 것이다.

비판적 사고력 역시 AI 시대 인간 노동자가 갖춰야 할 핵심 역량이다. AI가 제시한 결과를 맹목적으로 수용하는 것이 아니라, 그것을 비판적으로 평가하고 문제의 본질을 깊이 있게 파악하며 대안을 모색하는 능력을 인간 노동자는 필수적으로 갖춰야 한다. 기업의 전략 수립이나 정책 결정 등 복잡한 상황에서 인간의 비판적 사고력이 더욱 중요해지고 있다.

AI 시대에 노동 가치의 중심은 업무 수행에 대한 효율성이나 생산성에서, 창의성, 공감 능력, 비판적 사고력과 같은 인간 고유의 질적 역량으로 전환되고 있다. 따라서 이러한 역량을 키우기 위한 교육과 훈련 시스템의 재정비와 함께, 사회 전반에서 노동 가치를 새롭게 정의하는 논의가 적극적으로 이루어져야 한다. 노동의 본질적 가치 회복을 통해 AI와 인간이 상호 보완적으로 협력하는 건강한 노동 환경이 구축될 수 있을 것이다.

AI 시대의 직업적 양극화와 이를 극복하기 위한 포용적 정책

AI 기술의 급속한 발전과 확산은 노동 시장 내 양극화 현상을 더욱 심화한다. 기술 발전의 속도를 따라가지 못하는 노동자들은 점점 노동 시장에서 배제되거나 불안정한 일자리로 밀려나는 반면, 고도의 기술적 역량과 지식을 갖춘 노동자들은 더 좋은 기회와 높은 소득을 얻는 구조적 양극화 현상이 뚜렷해지고 있다.

OECD(2023)는 AI 기술의 도입으로 고숙련 노동자와 저숙련 노동자 사이의 격차가 확대되고 중숙련 노동자의 일자리가 가장 빠르게 감소하는 추세를 보이고 있다고 보고했다. 특히 제조업, 서비스업, 금융업과 같은 주요 산업에서 AI 자동화의 속도가 빨라지면서 단순 반복 업무나 중간 수준의 업무가 대체되고 있다. 이 과정에서 디지털 기술과 AI를 활용할 수 있는 노동자는 높은 소득과 안정적 고용을 누리게 되지만, 그렇지 못한 노동자는 임금 감소, 실업, 저임금 일자리로의 이동이라는 현실에 직면하게 된다.

이러한 양극화는 단순한 경제적 불평등 문제를 넘어 사회적 안정성까지 위협할 수 있다. 기술 변화가 빠르게 진행될수록 노동 시장에서 소외된 노동자 집단은 불만과 좌절감을 느끼며 사회적 갈등과 분열의 원인이 될 가능성이 높다. 따라서 기술 발전이 초래하는 직업적 양극화를 완화하고 모두가 혜택을 누릴 수 있도록 적극적이고 포용적인 노동 정책을 마련하는 것이 필수적이다.

이를 위해 정부는 먼저 AI 시대의 필수 역량을 갖출 수 있도록 노동자의 역량 개발과 재교육 프로그램을 적극적으로 지원해야 한다. 독일과 북유럽 국가들의 사례처럼 국가 차원에서 전 생애에 걸쳐 지속적인 평생 교육과 기술 교육 프로그램을 제공하고 기술 격차로 인해 노동 시장에서 소외되는 노동자를 최소화하려는 노력이 요구된다. 특히 디지털 역량 강화 교육을 모든 계층에게 공평하게 제공해 노동자들이 빠르게 변화하는 노동 시장에서 지속 가능한 경쟁력을 갖추도록 해야 한다.

둘째, 노동 시장에서 소외되거나 일자리 전환에 어려움을 겪는 노동자들을 위한 사회적 안전망 강화가 필수적이다. 일자리 변화가 불가피한 상황에서 실업 급여 확대, 재취업 프로그램 지원, 직업 전환 교육 및 지원 서비스 확대 등의 정책을 통해 노동자들이 전환기에 겪는 경제적 불안을 완화해야 한다.

마지막으로, AI 기술로 인해 새롭게 생겨나는 직무와 노동 형태에 대한 명확한 규정과 보호 장치 마련도 중요하다. 특히 플랫폼 노동자와 같은 새로운 노동 형태에 대한 법적 보호와 사회 보험 가입 기준을 명확히 하여 노동자가 법의 사각지대에서 소외되지 않도록 해야 한다.

결국 AI 시대의 노동 시장에서 양극화를 극복하고 모두가 기술 발전의 혜택을 누릴 수 있도록 포용적이고 실효성 있는 정책 마련이 시급한 과제다. 정부와 기업이 함께 노동자의 역량 개발과 사회적 보호를 강화함으로써 노동 시장 내 격차를 줄이고 사회적 통합과 지속 가능한 경제 발전을 이룰 수 있을 것이다.

참고문헌

Accenture(2024). Work, workforce, workers: Reinvented in the age of generative AI.
https://www.accenture.com/us-en/insights/consulting/gen-ai-talent

Amazon(2024). 2023 Annual Report.
https://s2.q4cdn.com/299287126/files/doc_financials/2024/ar/Amazon-com-Inc-2023-Annual-Report.pdf

Goldman Sachs(2024). 2023 Annual Report.
https://www.goldmansachs.com/investor-relations/financials/current/annual-reports/2023-annual-report

OECD(2023). OECD Employment Outlook 2023: Artificial Intelligence and the Labour Market.
https://www.oecd.org/en/publications/oecd-employment-outlook-2023_08785bba-en.html

Siemens. Transform Your Manufacturing with Siemens Smart Factory Solutions.
https://www.siemens.com/us/en/company/topic-areas/smart-factory.html

World Economic Forum(2023). The Future of Jobs Report 2023.
https://www.weforum.org/publications/the-future-of-jobs-report-2023/

07
지속 가능한 노동의 조건, 인간의 자리 찾기

지속 가능한 노동 환경은 인간의 가치와 존엄성을 보호할 수 있어야 한다. 노동의 안정성, 자율성, 의미의 중요성을 확인하고, AI 시대에 인간 중심적 노동 환경을 구축하기 위한 조건과 대응 방향을 살펴본다.

AI와 윤동주?

지속 가능한 노동의 개념과 핵심 조건 정의

'지속 가능한 노동(sustainable work)'이란 노동자들이 장기적으로 건강하고 만족스럽게 업무를 수행하며 개인적 성장과 조직의 발전을 동시에 달성할 수 있는 노동 환경을 의미한다. 국제노동기구(ILO, 2023)는 지속 가능한 노동을 '노동자가 안전하고 건강한 환경에서 일하며, 경제적 · 사회적 가치를 창출하고 동시에 개인적 만족과 성장을 누릴 수 있는 노동'으로 정의했다. AI 시대의 급격한 노동 환경 변화 속에서 인간이 중심이 되는 노동 조건의 확보는 더욱 중요해지고 있다.

지속 가능한 노동을 실현하기 위해 가장 중요한 첫째 조건은 노동자의 '안정성(stability)'이다. 노동자들이 불안정한 고용 상태나 소득 변동성으로 인해 지속적으로 불안과 스트레스를 겪게 된다면, 노동 환경은 결코 지속 가능할 수 없다. 특히 플랫폼 노동자나 프리랜서와 같은 비정형적 고용 형태의 노동자들이 증가하는 현재의 노동 시장에서는 이들의 법적 보호와 사회적 안전망을 강화하여 고용과 소득의 안정성을 보장하는 것이 필수적이다.

둘째 핵심 조건은 노동자의 '자율성(autonomy)'이다. 지속 가능한 노동 환경에서는 노동자가 자신의 업무에 대해 일정 수준 이상의 통제력과 결정권을 가져야 한다. 노동자가 자율적으로 목표를 설정하고 업무를 관리할 수 있을 때, 직무 만족도와 생산성 모두가 향상된다는 연구 결과가 지속적으로 보고되고 있다. 특히 AI 기술로 반복적인 업무가 자동화되고 있는 만큼, 노동자들이 창의적이고 복합적인 문제 해결에 집중할 수 있는 환경을 조성하는 것이 중요하다. 이를 위해서는 조직 내부에서 명령과 통제 중심의 관리 방식에서 벗어나 노동자 중심의 참여적이고 자율적인 업무 설계를 실현해야 한다.

셋째로, 노동자들이 '의미 있는 노동(meaningful work)'을 경험할 수 있어야 한다. 노동자들이 자신이 수행하는 업무가 사회적 · 조직적 가치 창출에 기여하고, 개인의 성장과 자아실현으로 이어진다고 느낄 때 노동의 지속 가능성은 높아진다. 반대로 노동자들이 업무를 무의미하거나 경제적 보상을 위한 수단으로만 인식하면 직무 만족도는 떨어지고 업무 몰입도는 저하된다. 따라서 노동의 의미와 가치를 높이기 위해서는 노동의 질적 평가 방식을 도입하고, 업무가 개인과 조직, 그리고 사회 전반에 미치는 긍정적 영향을 명확하게 인식할 수 있는 환경을 조성해야 한다.

결과적으로 노동 환경이 AI 기술의 발전과 함께 급격

히 변화할수록, 인간 중심의 지속 가능한 노동 조건인 안정성, 자율성, 의미 있는 노동의 확보가 더욱 절실히 요구된다. 정부와 기업, 노동자 모두가 이러한 핵심 조건을 충족하기 위한 실질적 노력을 기울일 때, 비로소 인간과 기술이 상호 보완적으로 공존할 수 있는 지속 가능한 노동의 미래가 실현될 수 있을 것이다.

AI 시대에 요구되는 인간 중심의 노동 환경 조건

AI 기술의 등장은 단순 반복 업무를 자동화함으로써 노동자의 역할을 근본적으로 변화시킨다. 과거의 관리 중심적이고 정형화된 업무 방식은 이제 점차 AI 시스템으로 대체되며, 인간 노동자들은 더욱 창의적이고 복합적인 문제 해결에 몰입해야 하는 시대를 맞이했다. 이러한 환경에서 노동자의 자율성 확보는 더 이상 선택이 아닌 필수적 조건이다. 글로벌 기업 마이크로소프트(Microsoft)는 직원이 자율적으로 업무 목표를 설정하고 그 결과를 주도적으로 관리하는 '자율적 업무 환경(autonomous work environment)'을 조성하여 직원의 창의적 문제 해결 능력과 업무 만족도를 높이고 있다(Johnson et al., 2019).

노동자의 자율성을 실현하기 위해서는 업무에 대한

명확한 통제권과 선택권이 노동자 개개인에게 부여되어야 한다. 이를 통해 노동자는 업무 수행 과정에서 스스로 판단하고 결정할 수 있으며, 이는 업무 효율성과 조직의 혁신성을 동시에 높일 수 있다. 특히 AI 기술이 제공하는 데이터와 분석 결과를 인간 노동자가 창의적이고 비판적으로 활용할 수 있도록 업무 프로세스를 재설계해야 한다. 예를 들어, 의료 분야에서 AI는 환자의 진단 데이터를 제공하지만, 최종적인 판단과 치료 결정은 의사의 자율적 판단을 통해 이루어진다. 이러한 방식은 기술과 인간 노동자가 상호 보완적으로 협력하는 이상적 모델로 평가받고 있다.

직무 재설계(job redesign)는 노동 환경을 인간 중심으로 재구성하는 또 다른 중요한 전략이다. AI의 자동화와 데이터 분석 능력을 고려하여 노동자의 역할을 인간이 가장 잘할 수 있는 업무 영역 중심으로 재구성할 필요가 있다. 독일의 제조업체 지멘스(Siemens)는 생산 라인의 자동화된 작업은 AI와 로봇이 담당하고, 인간 노동자는 복잡한 상황에 대응하고 창의적인 문제 해결을 중심으로 역할을 재설계하여 생산성과 직원 만족도를 동시에 높였다. 이러한 변화는 노동자들에게 기술이 할 수 없는 인간 고유의 창의성과 유연성을 발휘할 기회를 제공

한다.

궁극적으로, 인간 중심의 노동 환경을 구축하기 위해서는 AI 기술과 인간 노동자의 역량이 조화롭게 결합된 형태의 직무 재설계와 노동자 자율성 보장이 필수적이다. 기술 발전으로 노동자의 역할을 축소하는 것이 아니라, 오히려 인간의 창의성, 판단력, 소통 능력 등 인간 고유의 역량이 더욱 빛을 발할 수 있도록 노동 환경을 전면적으로 재구성해야 한다. 이를 위해 기업과 정부가 적극적으로 협력하여 인간 중심의 노동 환경을 구축하고, 노동자의 자율성과 직무 만족도를 높이는 방향으로 노동 조건을 혁신하는 노력이 반드시 뒤따라야 한다.

플랫폼 노동자와 프리랜서의 지속 가능성을 위한 정책적 보호 장치 마련

디지털 플랫폼 경제의 확산과 함께 새롭게 등장한 플랫폼 노동자와, 기존부터 존재하던 프리랜서 노동자는 전통적 고용 관계에서 벗어나 새로운 노동 형태로 자리 잡았다. 이들은 업무의 자율성과 유연성을 누리는 동시에 고용 불안정과 소득 변동성 등 새로운 형태의 노동 불안정에 시달릴 수 있다. 플랫폼 노동과 프리랜서 고용 형태가 지속 가능한 노동이 되기 위해서는 정책적으로 명확한 보호 장치 마련이 필수적이다.

첫째로, 플랫폼 노동자와 프리랜서의 법적 지위 명확화가 필요하다. 현재 플랫폼 노동자 대부분은 독립 계약자로 분류되어, 기존 노동법의 보호 범위에서 제외되는 경우가 많다. 유럽연합(EU)은 플랫폼 노동자의 근로 조건 개선을 위해 플랫폼 기업에 노동자의 법적 지위 명확화와 근로 조건 보호를 의무화하는 '플랫폼 노동 지침(Platform Work Directive)'을 도입했다(European Commission, 2024). 이 지침은 플랫폼 노동자가 법적 보호를 받을 수 있는 기준을 명확히 제시해 다른 국가들에도 중요한 참고 사례가 되고 있다.

둘째로, 플랫폼 노동자와 프리랜서가 처한 경제적 불안정을 완화하기 위해 사회적 안전망의 강화가 시급하다. 프랑스의 경우, 플랫폼 노동자들이 소득 급감 시 최소 생활비를 지원받을 수 있는 기본 소득 보장 제도를 도입하여 이들의 경제적 불안을 줄이고 있다. 한국을 포함한 여러 국가에서도 플랫폼 노동자와 프리랜서를 위한 실업 급여 및 사회 보험 가입 기준을 완화하고, 건강 보험과 연금 등 기본적인 사회적 보호 혜택을 보다 폭넓게 제공할 수 있도록 제도적 보완을 해야 한다.

세 번째로, 플랫폼 기업의 공정한 운영을 위한 투명성

확보가 매우 중요하다. 현재 많은 플랫폼 기업이 노동자에게 지급되는 보수 결정 방식이나 업무 배정 방식을 불투명한 알고리즘을 통해 운영하고 있어 노동자의 권리가 침해될 소지가 크다. 독일과 네덜란드 등 일부 유럽 국가들은 플랫폼 노동자에게 기업이 사용하는 알고리즘과 보수 체계에 대한 정보 공개를 요구할 권리를 법적으로 보장하여 노동자들이 공정한 대우를 받을 수 있도록 지원하고 있다.

이러한 정책적 보호 장치의 마련과 더불어, 플랫폼 노동자와 프리랜서가 스스로 노동자로서의 권리를 명확히 인식할 수 있는 교육과 사회적 캠페인도 필요하다. 플랫폼 노동자와 프리랜서가 자신의 권리를 알고 이를 적극적으로 주장할 수 있도록 노동권 교육 프로그램을 마련하고, 사회 전반적으로도 그들의 기여와 가치를 인정하는 문화를 만들어야 한다.

장기적으로 플랫폼 노동과 프리랜서 노동이 지속 가능한 노동의 한 형태로 자리 잡기 위해서는 정부와 플랫폼 기업, 노동자 간 협력적이고 균형 잡힌 접근이 필수적이다. 노동자의 권리를 보장하는 동시에 플랫폼 기업의 혁신과 성장을 저해하지 않는 균형 잡힌 정책 마련이 이루어질 때, 노동 시장의 다양성과 유연성을 지키면서도 안정적인 노동 환경을 구축할 수 있을 것이다.

참고문헌

European Commission(2024). Directive (EU) 2024/2831 of the European Parliament and of the Council on improving working conditions in platform work. https://eur-lex.europa.eu/eli/dir/2024/2831/oj/eng

ILO(2023). World Employment and Social Outlook 2023: The value of essential work. https://webapps.ilo.org/digitalguides/en-GB/story/weso2023-key-workers

Johnson, B. et al.(2019). The effect of work environments on productivity and satisfaction of software engineers. *IEEE Transactions on Software Engineering, 47*(4), pp.736~757.

OECD(2023). OECD Employment Outlook 2023: Artificial Intelligence and the Labour Market. https://www.oecd.org/en/publications/oecd-employment-outlook-2023_08785bba-en.html

Siemens. Transform Your Manufacturing with Siemens Smart Factory Solutions. https://www.siemens.com/us/en/company/topic-areas/smart-factory.html

08
글로벌 사례로 보는 AI와 노동의 미래

AI의 확산으로 세계 노동 시장은 큰 변화를 겪고 있다. 미국, 독일, 북유럽 국가들의 사례를 통해 각국이 기술 혁신과 인간 중심의 접근으로 노동 변화에 어떻게 대응하는지 분석한다.

AI와 한의학?

미국: 기술 혁신 중심의 노동 시장 변화와 재교육 전략

미국은 AI 기술 발전과 디지털 혁신이 노동 시장에 미치는 영향을 가장 빠르게 경험하고 있는 대표적 국가 중 하나다. 특히 최근 수년간 기술 중심 산업에서 AI가 급속도로 확산되며 기존 노동 구조가 크게 변화하고 있다. 미국 노동통계국(BLS, Bureau of Labor Statistics)에 따르면, 데이터 분석가, 머신러닝 엔지니어, AI 전문가와 같은 기술 관련 직종의 고용 증가율이 2033년까지 평균 9% 이상을 기록할 것으로 전망된다. 이러한 변화는 기술 혁신이 노동 시장 구조를 기술 중심으로 재편하고 있음을 명확히 보여 준다.

기술 혁신이 긍정적 효과만 가져오는 것은 아니다. 미국 경제정책연구소(EPI, Economic Policy Institute)의 최근 보고서는 AI 기술이 중숙련 노동자의 일자리를 급속히 감소시키고 있으며, 특히 사무 행정직, 고객 서비스직과 같은 반복적이고 정형화된 직무가 빠르게 소멸하고 있다고 지적했다. 이는 기술 발전으로 인한 직업 구조 변화가 상당수 노동자에게 위협이 될 수 있으며, 노동 시장 내 양극화를 더욱 심화할 수 있음을 시사한다.

이 같은 상황에서 미국은 노동자들이 AI 시대의 변화

에 적극적으로 대응할 수 있도록 국가적 차원의 재교육 전략을 강화하고 있다. 대표적 사례로 구글(Google)의 '그로 위드 구글(Grow with Google)' 프로그램은 전 국민을 대상으로 데이터 분석과 AI 분야의 무료 교육을 제공하여 노동자들이 변화된 노동 환경에 신속히 적응할 수 있도록 지원한다. 또한 마이크로소프트(Microsoft)는 '스킬 포 잡(Skills for Jobs)' 프로그램을 통해 매년 100만 명 이상의 노동자를 대상으로 디지털 기술 역량 강화 및 재취업 지원을 실시하고 있다. 아마존(Amazon) 역시 '업스킬링 2025(Upskilling 2025)' 프로그램을 통해 기존 직원들이 AI와 디지털 기술 분야의 전문 역량을 갖추고 더 창의적이고 복합적인 직무로 전환할 수 있도록 지원하고 있다.

이러한 미국의 사례는 기술 발전이 노동 시장에 긍정적인 변화를 가져올 수 있지만, 그 과정에서 반드시 노동자 재교육과 역량 개발 전략이 함께 이루어져야 한다는 사실을 명확히 보여 준다. 국가와 기업이 노동자의 디지털 기술 습득과 역량 전환을 적극적으로 지원할 때, 기술 변화가 노동자들에게 위협이 아닌 기회가 될 수 있다. 미국이 추진하는 기술 중심 혁신 전략과 노동자 재교육 프로그램은 AI 시대 노동 시장의 변화에 대응하려는 다른 국가들에 중요한 참고 모델이 될 수 있다.

독일: 인간과 기술의 협력을 통한 제조업 혁신과 포용적 노동 전략

독일은 제조업 강국으로서 AI와 디지털 기술의 도입을 적극적으로 추진하며, 특히 '인더스트리 4.0(Industry 4.0)' 전략을 통해 제조업 혁신을 주도하고 있다. 독일의 제조업 혁신 전략은 기술의 효율적 도입을 넘어, 인간과 기술이 서로 협력하며 노동자들의 역할을 재구성하는 방식으로 이루어지고 있다.

독일 경제에너지부(BMWK)의 보고서에 따르면, 독일 내 제조업 기업의 60% 이상이 AI 기반의 스마트 팩토리를 구축하고 있으며, 그 중심에는 인간 노동자와 AI가 상호 보완적으로 협력하는 모델이 자리 잡고 있다. 독일 제조 기업 지멘스(Siemens)는 암베르크(Amberg) 전자 공장에서 AI와 사물 인터넷(IoT, Internet of Things) 기술을 적용하여 자동화한 생산 라인을 운영하고 있다. 여기서 AI와 로봇은 반복적이고 위험한 업무를 담당하는 반면, 인간 노동자는 창의적 문제 해결과 복합적 의사 결정이 필요한 업무에 집중한다. 이 모델은 생산 효율성은 물론 노동자의 안전과 직무 만족도를 동시에 높이는 성과를 거두고 있다(Siemens, 2019).

독일 정부는 제조업 분야 노동자들이 디지털 혁신과 AI 기술 도입 과정에서 배제되지 않도록 적극적인 정책적 지원도 펼치고 있다. 독일 노동사회부(BMAS)는 제조업 노동자들이 변화된 직무 환경에 신속히 적응할 수 있도록 국가적 차원의 디지털 역량 강화 이니셔티브(Digitale Kompetenzinitiative)를 시행하고 있다. 이 프로그램은 중소기업 노동자들에게 데이터 분석, AI 시스템 운영 등 실무 중심의 기술 교육을 제공함으로써 노동 시장에서의 기술 격차를 최소화하고, 노동자의 경쟁력을 강화하는 데 기여한다.

나아가 독일 기업들은 AI와 자동화 기술 도입 과정에서 윤리적 원칙과 노동자의 권리 보호를 우선적으로 고려한다. BMW와 폴크스바겐(Volkswagen) 등 주요 기업들은 AI 기술의 사용에 대한 윤리적 가이드라인을 마련하여 기술 사용의 투명성을 높이고, 노동자의 프라이버시와 존엄성을 보호한다. 이는 기술 혁신이 노동자를 소외하거나 위협하는 것이 아니라, 노동자와의 상생과 협력을 중심으로 이루어지도록 하는 독일 제조업의 근본적인 철학을 반영한 결과다.

독일의 사례는 AI 시대의 노동 환경 변화에 대응할 때 기술 중심적 접근과 인간 중심적 접근을 동시에 추구하는 균형 잡힌 전략이 매우 중요하다는 점을 명확히 보여준다. 독일처럼 AI와 인간이 서로 협력하며 상호 보완적으로 공존할 수 있는 노동 환경을 구축할 때, 노동자의 권리와 직무 만족도를 높이면서도 기술 혁신의 이익을 최대한 활용할 수 있다. 이러한 독일의 포용적 노동 전략은 제조업을 비롯한 다양한 산업에서 다른 국가들이 참고할 수 있는 중요한 모범 사례로 평가할 수 있다.

북유럽 국가들: 지속 가능한 노동을 위한 사회적 접근과 정책

북유럽 국가인 스웨덴, 덴마크, 핀란드는 AI 기술의 확산과 디지털 경제로의 전환 과정에서 노동자 보호와 지속 가능한 노동 환경 구축을 위한 가장 진보적이고 포용적인 접근 방식을 취하고 있다. 이들 국가가 강조하는 것은 단순히 기술 발전이나 경제 성장만이 아니라, 사회적 안전망과 노동자의 역량 강화를 동시에 고려한 포괄적인 사회적 접근이다.

먼저 스웨덴은 AI 도입과 함께 인간 중심의 책임 있는 기술 활용을 강조하고 있다. 스웨덴 정부는 '국가 AI 전략(National Approach to Artificial Intelligence)'을 통해, 모든 국민이 기술 발전의 혜택을 공평하게 누릴 수 있도록 데이터 윤리 가이드라인과 AI 활용 기준을 명확히 설정했다. 특히, 광범위한 평생 교육 프로그램을 통해 모든 노동자가 AI 기술 발전 과정에서 소외되지 않고 새로운 기술 환경에 신속히 적응할 수 있도록 적극적으로 지원하고 있다. 이는 기술 변화가 노동자에게 위협이 아닌, 새로운 기회가 될 수 있도록 유도하는 효과적 전략이다.

덴마크는 유연 안정성(flexicurity) 정책을 통해 AI 시대 노동 환경 변화에 성공적으로 대응하고 있다. 이 정책은 노동 시장에서 유연한 고용과 실업자의 소득 보장을 동시에 추구하는 것으로, 노동자가 직장을 옮기거나 직업을 바꿀 때 충분한 사회적 지원과 보호를 제공한다. 덴마크 고용부는 노동자들이 기술 변화로 인해 일자리를 잃더라도 충분한 재취업 지원과 교육 프로그램을 제공하여 노동자들이 기술 변화에 능동적으로 대응할 수 있게 한다. 또한 AI와 디지털 기술 교육 프로그램을 모든 계층에 확대하여 노동자들의 기술 격차를 최소화하고 있다.

핀란드는 AI로 인한 사회적 격차와 노동 불안정 문제에 대응하기 위해 실험적이고 혁신적인 접근을 시도하고 있다. 2017년부터 2018년까지 진행된 기본 소득 실험에서는, 실험군이 통제군에 비해 삶의 만족도, 미래에 대한 신뢰, 정신적 · 경제적 스트레스 지표에서 유의미하게 개선된 결과를 보였다(Kangas, 2019). 이는 AI 시대에 노동자의 심리적 안정성과 자율성을 높일 수 있는 대안적 정책 모델로 주목받고 있다.

한편, 핀란드는 전 국민을 대상으로 하는 디지털 기술 교육 프로그램도 시행하고 있으며, 이는 기술 격차 해소와 노동자의 디지털 역량 강화에 기여하고 있다.

북유럽 국가들의 접근 방식은 AI 시대의 노동 환경 변화에 대응하는 데 기술 중심의 사고를 넘어 인간 중심의 사회적 포용과 균형 있는 발전을 강조하는 것으로, 다른 국가들에도 의미 있는 참고 사례가 된다. 이처럼 노동자 보호, 역량 강화, 사회적 안전망 구축이 어우러진 포괄적이고 균형 잡힌 접근이 이루어질 때, AI 시대에도 지속 가능한 노동 환경과 사회적 안정성을 확보할 수 있을 것이다.

참고문헌

AI Sweden(2024.3.20). An AI strategy for Sweden. https://www.ai.se/en/decision-makers/ai-strategy-sweden

BMAS. Publikationen – Digitale Kompetenzinitiative und weitere Programme. https://www.bmas.de/DE/Service/service.html

BMWK(2020). Industrie 4.0. Federal Ministry for Economic Affairs and Climate Action.
https://www.bmwk.de/Redaktion/EN/Dossier/industrie-40.html

Bureau of Labor Statistics(2024). Data scientists: Occupational outlook handbook. U.S. Department of Labor.
https://www.bls.gov/ooh/math/data-scientists.htm

Bureau of Labor Statistics(2024.8.29). Industry and occupational employment projections overview and highlights, 2023-33. U.S. Department of Labor.
https://www.bls.gov/opub/mlr/2024/article/industry-and-occupational-employment-projections-overview-and-highlights-2023-33.htm

Economic Policy Institute(2024). Unbalanced labor market power is what makes technology—including AI—a threatening to workers.
https://www.epi.org/publication/ai-unbalanced-labor-markets/

Government Offices of Sweden(2024.12.5). AI Commission has presented proposals to the Government.
https://www.government.se/press-releases/2024/12/ai-commission-has-presented-proposals-to-the-government/

Kangas, O.(2019.3). First results from the Finnish basic income experiment (ESPN Flash Report 2019/17). European Commission.
https://ec.europa.eu/social/BlobServlet?docId=20846&langId=en

Siemens(2019). OT meets IT – Siemens factory in Amberg, Germany. https://blog.siemens.com/2019/05/ot-meets-it-siemens-factory-in-amberg-germany/

09

AI 시대, 기업과 조직의 전략적 대응

AI 시대에 기업과 조직이 생존하려면 전략적 대응이 필수적이다. AI 기술 도입과 업무 프로세스 재편, 노동자 역량 강화, 인간과 AI의 협력적 업무 모델 구축 사례를 중심으로 전략적 방향을 분석한다.

AI와 화장품?

기업 내 AI 기술 도입과 업무 프로세스의 전략적 재편 필요성

AI 기술이 급속히 발전하면서 기업과 조직의 경쟁력을 좌우하는 핵심 요소로 자리 잡았다. 하지만 단순히 AI 기술을 도입하는 것만으로 기업의 경쟁력이 자동으로 높아지는 것은 아니다. 기업이 AI를 효과적으로 활용하려면 기존 업무 프로세스를 근본적으로 재편하고, 노동자들이 변화된 환경에서 새로운 가치를 창출할 수 있도록 전략적으로 접근할 필요가 있다.

첫째, AI 기술 도입에 앞서 기업은 업무 프로세스를 명확히 재설계할 필요가 있다. 과거의 업무 방식에 AI를 단순히 덧붙이는 수준의 도입은 오히려 업무 복잡성과 비효율성을 증가시킬 수 있다. 따라서 기업은 AI 기술을 도입할 때 어떤 업무를 자동화하고, 어떤 업무에 인간의 창의성과 판단력을 투입할 것인지 명확히 구분하여 프로세스를 재설계해야 한다. 골드만삭스(Goldman Sachs)나 JP모건(J.P.Morgan)과 같은 글로벌 금융 기업들은 이미 AI를 활용하여 투자 분석 및 고객 관리 업무를 자동화하고, 직원들이 전략적 의사 결정 및 고객 관리에 집중하도록 업무 프로세스를 전면 재편했다(Goldman Sachs, 2024).

둘째, AI 기술을 전략적으로 활용하기 위해서는 업무 수행 방식에 대한 노동자의 인식 전환과 기술적 역량 강화가 병행되어야 한다. 아무리 뛰어난 AI 시스템을 구축하더라도, 실제 이를 활용할 직원들이 새로운 기술을 충분히 이해하고 효과적으로 다룰 수 없다면 AI의 가치는 제한적일 수밖에 없다. 이를 위해 기업들은 직원들에게 지속적인 AI 기술 교육과 재교육 프로그램을 제공하고, 직원들이 업무 환경 변화에 적극 대응할 수 있도록 지원해야 한다. 예컨대 아마존(Amazon)은 전 직원을 대상으로 하는 '업스킬링 2025(Upskilling 2025)' 프로그램으로 AI 기술 활용 역량을 강화하고 있다(Amazon, 2024).

셋째, AI 기술 도입 과정에서 인간 노동자와의 상호작용과 협력을 중심에 두는 접근이 필수적이다. AI 시스템은 인간의 창의성이나 의사 결정 능력을 완전히 대체할 수 없기 때문에, AI가 제공하는 데이터와 분석 결과를 인간 노동자가 비판적으로 평가하고 창의적으로 활용할 수 있도록 업무 프로세스를 설계해야 한다. 지멘스(Siemens)는 제조 현장에 AI 기술을 도입하면서, AI와 인간이 상호 보완적으로 협력하는 모델을 구축하여 생산 효율성과 노동자의 업무 만족도를 모두 향상하고 있다(Siemens).

종합적으로 볼 때 AI 시대에 기업과 조직이 성공적인 혁신을 이루기 위해서는 AI 기술의 단순한 도입을 넘어, 업무 프로세스의 근본적인 재편과 인간 중심적 접근이 필수적이다. 그리고 노동자와 기술이 상호 보완적으로 협력하며 함께 가치를 창출할 수 있도록 명확한 전략과 지원 체계를 마련할 때, 기업은 지속 가능한 경쟁력을 유지하며 급변하는 AI 시대에 효과적으로 대응할 수 있을 것이다.

AI 역량 확보와 노동자 재교육을 통한 경쟁력 강화 방안

AI 시대에 기업이 지속 가능한 경쟁력을 확보하기 위해서는 기술 도입 그 자체보다 이를 활용할 수 있는 인적 자본의 역량 확보가 훨씬 더 중요하다. 특히, 노동자들이 빠르게 진화하는 AI 기술과 디지털 환경에 적응하고, 이를 실질적으로 활용할 수 있도록 지속적인 재교육 및 역량 개발 전략이 필수적으로 요구된다.

첫째, 기업은 AI 기술의 효과적인 활용을 위해 명확한 인재 육성 계획을 수립해야 한다. 글로벌 컨설팅 기업 액센처(Accenture)는 AI 도입의 성공은 기술 자체보다는 이를 다룰 수 있는 인재와 조직 문화에 달려 있다고 강조한다. 그러면서 AI가 농업 혁명, 산업 혁명 이후 가장 큰 노동 변화를 가져올 것이며, 이를 위해 조직 내 인재가 변화에 능동적으로 참여하고 재교육 전략을 수립해야 한다고 권고하고 있다(Accenture, 2024).

이러한 관점은 기술 기업인 마이크로소프트(Microsoft)의 전략에서도 잘 드러난다. 마이크로소프트는 링크드인 러닝(LinkedIn Learning)과 협력하여 생성형 AI와 코파일럿(Copilot) 활용법에 관한 교육 과정을 제공하고 있으며, 실무자들이 실제 업무에 AI를 효과적으로 적용할 수 있도록 지원하고 있다(LinkedIn & Microsoft, 2023). 또한 비바 러닝(Viva Learning) 플랫폼 내에 구축된 코파일럿 아카데미(Copilot Academy)를 통해 조직 구성원들의 AI 도구 숙련도를 체계적으로 향상하고 있으며, AI 스킬 내비게이터(Skills Navigator)를 통해 다양한 산업 및 직무에 특화된 교육 경로를 제공함으로써 디지털 전환에 필요한 전사적 역량 강화를 적극적으로 지원하고 있다(Microsoft, AI Skills; Introduction to Microsoft 365 Copilot; 2025). 이는 AI 도입을 단순한 기술 변화가 아닌 학습 기반의 조직 혁신 과정으로 인식하고, 인적 자원 개발을 핵심 축으로 삼고 있다는 점에서 주목할 만하다.

둘째, 기업 차원에서 지속적인 재교육 프로그램을 운

영하여 노동자들의 디지털 역량과 AI 활용 능력을 지속적으로 강화하는 것이 중요하다. 많은 노동자들이 기술 변화에 대해 불안을 느끼는 상황에서, 기업이 제공하는 정기적이고 체계적인 교육과 지원은 노동자들의 역량 전환을 돕고 조직 내 혁신을 촉진하는 핵심적 수단이 된다. 구글의 '그로 위드 구글(Grow with Google)' 프로그램과 같이, 모든 직원에게 데이터 분석과 AI 기술 관련 교육을 제공함으로써 노동자들이 기술 격차를 줄이고 변화된 업무 환경에 적응할 수 있도록 지원해야 한다.

셋째, AI와 디지털 기술 역량뿐만 아니라 창의적 문제 해결 능력, 비판적 사고력, 소통과 협력 능력 등 인간 고유의 역량도 강화해야 한다. AI가 발전할수록 인간 노동자들의 창의성과 문제 해결 능력은 더욱 중요해질 것이다. 따라서 기업에서 AI 활용 교육뿐 아니라 노동자의 창의성과 소통 역량을 높일 수 있는 별도의 교육 프로그램을 병행하는 것이 필수적이다. 이를 통해 노동자들이 AI와 협력하여 보다 혁신적이고 창의적인 성과를 만들어 낼 수 있는 환경을 만들어야 한다.

마지막으로, 재교육과 역량 개발을 위한 인프라 구축과 함께 노동자들이 학습과 발전을 지속적으로 추구할 수 있는 조직 문화를 만드는 것이 중요하다. 기업은 노동자들이 새로운 기술 습득에 두려움 없이 도전할 수 있도록, 실패를 용인하고 학습을 장려하는 조직적 분위기를 조성해야 한다. 예를 들어, 독일의 지멘스는 직원들의 혁신과 실험을 적극 장려하며, 지속적인 학습과 성장을 위한 환경을 구축하여 기술 변화에 대응하고 있다(Siemens).

인간과 AI의 협력적 업무 모델 구축 사례 분석과 조직 전략

AI 시대가 도래하면서 조직과 기업은 인간과 AI가 서로 보완하고 협력하는 새로운 업무 모델을 구축해야 할 필요성에 직면했다. 인간과 AI의 협력적 업무 모델이란 AI가 지닌 효율성과 분석력을 최대한 활용하면서, 동시에 인간 노동자의 창의성, 판단력, 공감 능력 등 인간만이 가진 강점을 중심으로 업무를 재구성하는 방식이다. 이미 많은 글로벌 기업들이 이와 같은 협력 모델을 적극적으로 도입하여 조직의 경쟁력을 높이고 있다.

가장 대표적인 사례는 독일의 지멘스가 추진하고 있는 스마트 팩토리 모델이다. 지멘스는 제조 현장에 AI와 로봇 기술을 결합해 자동화된 생산 라인을 구축하여 반복적이고 위험한 업무는 로봇이 맡고, 인간 노동자들은 창의적이고 복합적인 의사 결정이 필요한 문제 해결 업무에 집중하도록 업무를 재설계했다. 이 협력적 모델 덕분에 생산 효율성이 획기적으로 높아졌을 뿐 아니라 노동자의 업무 만족도와 안전성도 함께 개선되었다 (Siemens).

금융 분야에서도 인간과 AI의 협력적 모델이 빠르게 확산되고 있다. JP모건과 골드만삭스 같은 글로벌 금융 기업들은 AI를 통해 투자 분석과 고객 서비스 업무를 자동화하는 동시에, 인간 노동자들이 보다 창의적이고 전략적인 의사 결정 업무에 집중할 수 있도록 역할을 명확히 구분했다. AI가 수행하는 데이터 분석 결과를 기반으로 인간 노동자가 복합적이고 창의적인 투자 전략을 수립하고 고객과의 심층적인 관계 구축 업무에 더욱 집중하는 방식으로 업무 모델을 전환한 것이다(Goldman Sachs, 2024).

이러한 협력적 업무 모델 구축을 위해 조직이 갖추어야 할 전략은 세 가지로 정리할 수 있다. 첫째, 조직은 인간과 AI의 역할을 명확하게 구분하고 각각의 강점을 활용할 수 있도록 업무 프로세스를 설계해야 한다. 둘째, 노동자들이 AI를 활용할 수 있도록 충분한 기술적 교육과 함께, 인간의 고유한 역량인 창의력, 공감 능력, 비판적 사고력을 강조하는 별도의 교육 프로그램을 적극적으로 도입해야 한다. 마지막으로, AI 도입 과정에서 노동자의 불안과 저항을 최소화하기 위해 AI가 인간 노동자의 역할을 대체하는 것이 아니라 보완하는 파트너라는 인식을 조직 내에 명확히 전달하고 공감대를 형성하는 노력이 필요하다.

결과적으로 AI 시대에 인간과 AI의 협력적 업무 모델 구축은 기술 도입 그 자체를 넘어, 조직 내에서 노동자와 기술의 조화로운 협력을 촉진하는 전략적이고 체계적인 접근이 핵심이다. 조직이 AI 기술과 인간 노동자의 역량을 상호 보완적으로 활용할 때, 혁신적이고 지속 가능한 경쟁력을 확보할 수 있을 것이다.

참고문헌

Accenture(2024). Work, workforce, workers: Reinvented in the age of generative AI.
https://www.accenture.com/us-en/insights/consulting/gen-ai-talent

Amazon(2024). 2023 Annual Report.
https://s2.q4cdn.com/299287126/files/doc_financials/2024/ar/Amazon-com-Inc-2023-Annual-Report.pdf

Goldman Sachs(2024). 2023 Annual Report.
https://www.goldmansachs.com/investor-relations/financials/current/annual-reports/2023-annual-report

LinkedIn & Microsoft. (2023). Career essentials in generative AI

by Microsoft and LinkedIn.
https://www.linkedin.com/learning/paths/career-essentials-in-generative-ai-by-microsoft-and-linkedin

Microsoft. AI skills.
https://www.microsoft.com/en-us/corporate-responsibility/ai-skills-resources

Microsoft. Introduction to Microsoft 365 Copilot.
https://learn.microsoft.com/en-us/training/modules/introduction-microsoft-365-copilot/

Microsoft(2025). Microsoft Copilot Academy.
https://learn.microsoft.com/en-us/viva/learning/academy-copilot

Siemens. Transform Your Manufacturing with Siemens Smart Factory Solutions.
https://www.siemens.com/us/en/company/topic-areas/smart-factory.html

10
AI와의 공존, 인간다운 노동을 위하여

AI 시대의 노동은 인간다운 삶과 노동의 본질을 지킬 수 있는 방향으로 발전해야 한다. 인간 중심의 AI 윤리적 접근과 디지털 웰빙 관리, 지속 가능한 노동 환경 실현을 위한 전략을 제시한다.

종교와 AI?

인간 중심의 AI 윤리적 접근과 노동 환경 구축의 중요성

AI 기술이 사회 전반으로 빠르게 확산하면서, 그 윤리적 사용과 인간 중심적 접근에 대한 요구가 전 세계적으로 높아지고 있다. 특히 AI 도입과 함께 노동 환경이 급격히 변화하면서, 인간 노동자의 존엄성과 가치를 보호할 수 있는 윤리적 틀과 가이드라인 마련이 매우 시급한 과제가 되었다.

김주희 외(2024)에 따르면 AI 기술이 노동 환경에 미치는 영향은 단순히 기술적 변화의 차원을 넘어, 인간의 업무 방식과 가치 인식 자체를 근본적으로 변화시킨다. AI 기술이 단순 반복 업무는 물론이고 금융, 의료, 법률과 같은 고도의 전문 영역까지 확대됨에 따라, 노동자의 직무 환경은 더욱 간접적이고 추상적으로 변하고 있다. 즉, 인간 노동자는 AI가 만들어 낸 데이터를 검토하거나 AI의 결과물을 보완하는 역할로 밀려나면서 업무의 본질적 흐름에서 소외되는 현상을 경험하게 되었다.

이러한 배경에서 AI의 윤리적 접근은 인간 노동자의 역할과 가치를 재정립하는 데 필수적이다. 인간 중심의 AI 윤리적 접근이란 AI 시스템이 인간의 자율성, 존엄성, 창의성을 침해하지 않으면서, 인간 노동자가 역량을 최대한 발휘할 수 있는 환경을 구축하는 것을 의미한다. 세계경제포럼(World Economic Forum, 2023)은 AI 기술의 발전이 반드시 인간 노동자의 사회적, 윤리적 가치를 우선적으로 고려하는 방식으로 이루어져야 한다고 강조한다. 이는 AI 기술이 인간 노동자를 대체하는 존재가 아니라, 인간의 삶과 노동의 질을 높이기 위한 도구로 사용되어야 한다는 원칙을 명확히 한다.

유럽연합(EU) 역시 AI 윤리 가이드라인을 마련하여, 기술 개발과 활용 시 인간의 존엄성 보호와 투명성 확보, 책임성 있는 사용을 강조하고 있다. 유럽연합의 '신뢰 가능한 AI(Trustworthy AI)' 지침은 AI 시스템의 활용이 노동자의 권리를 침해하지 않고 오히려 업무 환경의 질적 향상에 기여할 수 있도록 기업에 명확한 책임을 부과한다(European Commission, 2024).

장기적으로 볼 때, 인간 중심의 AI 윤리적 접근을 통해 노동자의 존엄성을 보호하고 노동 환경의 질적 수준을 높이는 것이야말로 AI 시대에 가장 중요한 사회적 과제 중 하나다. 기업과 정부가 함께 AI 기술의 윤리적 활용을 촉진하고 노동자의 권리와 가치를 중심으로 노동 환경을 적극적으로 재구성할 때, 비로소 AI와 인간의 공존이 가능하며 지속 가능한 노동의 미래가 열릴 수 있을 것이다.

디지털 웰빙 관리와 조직적 대응

AI와 디지털 기술의 확산은 업무 환경의 효율성과 편의성을 증가시켰지만, 동시에 노동자의 정신 건강과 웰빙(well-being)에 대한 새로운 도전을 만들어 냈다. 최근의 연구들은 업무와 개인 생활의 경계가 사라지는 것이 노동자의 만성적인 스트레스와 번아웃(burnout)을 증가시키고 있음을 지속적으로 경고하고 있다. 특히 AI 시대에 노동자들은 상시적인 디지털 연결 상태에서 업무의 압박과 스트레스를 경험하며, 이는 장기적으로 노동자의 생산성과 직무 몰입도를 떨어뜨리는 주요 원인이 된다. 하버드 비즈니스 리뷰(Harvard Business Review, 2023)의 보고서 역시 디지털 도구가 직원들의 업무량을 늘리고 지속적인 정신적 피로감을 초래한다는 점을 지적하며, 기업 차원의 적극적 대응 필요성을 강조했다.

이러한 배경에서 디지털 웰빙 관리를 위한 조직적 대응 전략은 다음과 같은 방향에서 이루어져야 한다. 첫째, 조직은 업무와 개인 생활의 명확한 경계를 설정하고 이를 준수할 수 있는 제도적 장치를 마련해야 한다. 대표적인 사례로 프랑스의 '연결되지 않을 권리(Right to Disconnect)' 정책이 있다. 이는 근무 시간 외 업무 연락을 제한하여 노동자가 충분한 휴식과 개인 생활을 누릴 수 있도록 보장하는 제도적 방침이다. 실제로 이 제도를 도입한 프랑스 기업들은 직원들의 업무 만족도와 심리적 웰빙이 향상되는 긍정적 효과를 경험하고 있다.

둘째, 노동자의 정신적 건강과 스트레스 관리를 위한 지원 체계를 조직 차원에서 적극적으로 구축해야 한다. 예를 들어, 글로벌 IT 기업 에스에이피(SAP)는 전 세계 직원들에게 전문적인 심리 상담 서비스와 스트레스 관리 프로그램을 제공하며 직원들의 정신 건강을 조직적 차원에서 관리하고 있다. 또한 노동자들이 심리적 압박과 스트레스를 자유롭게 표현하고 해결할 수 있는 심리적 안전감을 제공하는 조직 문화도 함께 조성해야 한다.

마지막으로, 노동자 스스로 디지털 환경에서 웰빙을 유지할 수 있도록 교육 프로그램과 인식 개선 캠페인을 조직 차원에서 진행할 필요가 있다. 직원들이 업무 중 디지털 도구 사용을 관리하고 효과적으로 업무와 개인 생활을 분리할 수 있도록 정기적인 교육을 실시하는 것이다. 이를 통해 노동자들이 자신의 디지털 웰빙을 스스로 관리하고 지속적인 심리적 건강을 유지할 수 있는 능력을 배양할 수 있다.

AI와 디지털 환경의 발전은 업무 효율성 증가라는 긍정적인 측면만이 아니라, 노동자의 정신 건강과 웰빙에 미치는 부정적 영향까지 조직적 차원에서 철저히 관리해야 하는 새로운 과제를 제시한다. 기업과 조직이 노동자의 디지털 웰빙을 적극적으로 관리하고 지원하는 구체적인 전략을 수립하고 시행할 때, 비로소 노동자와 조직 모두가 지속 가능한 성장을 이룰 수 있을 것이다.

지속 가능한 노동 환경 실현을 위한 향후 과제와 전략적 방향

AI 시대를 살아가는 우리는 노동의 의미와 가치를 근본적으로 다시 생각해야 하는 시점에 와 있다. 기술 발전은 우리에게 많은 편리함과 효율성을 가져다주었지만, 동시에 노동 환경의 불확실성과 불안정성을 가속화하며, 인간의 존엄과 가치에 대한 중요한 과제를 제기하고 있다. 이제 우리의 목표는 인간의 존엄성과 창의성, 자율성이 중심이 되는 노동 환경 구축이라는 사회적 가치와 기술 발전을 결합하는 데 있다.

지속 가능한 노동 환경을 실현하기 위해 해결해야 할 첫 번째 과제는 기술 격차와 노동 시장의 양극화를 적극적으로 해소하는 것이다. OECD(2023)는 AI 기술 도입이 노동 시장의 양극화를 심화하고 있음을 경고하며, 포용적이고 체계적인 재교육 프로그램과 사회적 안전망 구축을 시급한 과제로 꼽았다. 이에 따라 기업과 정부는 노동자들에게 기술 변화에 능동적으로 대응할 수 있는 디지털 기술 교육을 지속적으로 제공하고, 노동자들이 기술적 변화로부터 소외되지 않도록 사회적 보호 장치를 확립해야 한다.

두 번째로는 디지털 환경에서의 노동자의 정신적 웰빙과 건강을 보호하는 것이 매우 중요한 과제다. 하버드 비즈니스 리뷰(2023)의 연구에서도 드러났듯 AI와 디지털 기술 도입 이후 업무 부담과 스트레스가 증가했고, 이는 노동자의 직무 만족도와 생산성을 떨어뜨리는 결과를 초래했다. 따라서 조직은 명확한 업무 시간과 휴식 시간 보장, 디지털 연결 차단 권리 보장 등 노동자의 정신 건강 보호를 위한 구체적인 제도적 장치를 마련해야 한다.

세 번째 과제는 그림자 노동과 디지털 그림자 노동과 같은 새로운 형태의 노동 착취 문제에 대한 사회적 인식과 제도적 대응이다. 박상철 외(2020)가 제시한 디지털 그림자 노동 개념은, 소비자들이 기업의 수익 창출에 무의식적으로 기여하면서도 정당한 보상을 받지 못하는 현실을 지적한다. 이는 데이터 제공이라는 형태로 노동이 수행되고 있음에도, 사회적으로 그 가치를 인정받지 못하고 있다는 점에서 문제의식이 제기된다. 향후 데이터 기반 경제가 더욱 확장될수록, 이러한 디지털 노동의 가치를 명확히 인식하고 공정한 보상 체계를 마련하기 위한 사회적 합의와 제도적 장치가 필수적이다.

마지막으로 인간 중심의 AI 윤리적 접근이야말로 지속 가능한 노동 환경 구축의 필수적 과제다. EU의 '신뢰 가능한 AI' 지침(European Commission, 2024)이 제시하는 것처럼 AI 기술 활용은 반드시 인간 노동자의 존엄성과 자율성을 보호하는 방향으로 이루어져야 한다. 기업과 정부는 AI 기술의 윤리적 사용을 위한 명확한 가이드라인을 구축하고, 이를 실질적으로 준수할 수 있는 감독 체계와 책임성을 확립해야 한다.

AI 시대에 노동 환경의 지속 가능성은 결국 인간을 중심에 두고 기술을 도구로 활용하는 사회적 합의와 제도적 노력을 통해서만 실현될 수 있다. 우리가 지금 해야 할 일은 AI 시대의 노동을 보다 인간답게 재구성하고, 지속 가능한 노동을 위한 새로운 패러다임을 구축하는 것이다. 이 책이 제시한 다양한 사례와 논의를 바탕으로, 앞으로 더 많은 연구와 사회적 논의가 활발히 이루어지기를 기대한다. 이 책이 독자들에게 AI 시대 노동 문제를 깊이 있게 성찰하고 실질적인 변화를 함께 고민하는 출

발점이 되기를 바라며, 여기서 마무리하고자 한다.

참고문헌

김주희 외(2024). AI 시대의 IT 업무 환경 변화: IT 전문가들이 본 미래 전망과 필수 역량. 《지능정보연구》, 30(4), 369~392쪽.

박상철 외(2020). 디지털 기술 환경에서의 그림자 노동 메커니즘 규명 연구. 《경영학연구》, 49(1), 31~50쪽.

European Commission(2024). Directive (EU) 2024/2831 of the European Parliament and of the Council on improving working conditions in platform work. https://eur-lex.europa.eu/eli/dir/2024/2831/oj/eng

Harvard Business Review(2023). Beware a culture of busyness. https://hbr.org/2023/03/beware-a-culture-of-busyness

OECD(2023). OECD Employment Outlook 2023: Artificial Intelligence and the Labour Market. https://www.oecd.org/en/publications/oecd-employment-outlook-2023_08785bba-en.html

World Economic Forum(2023). The Future of Jobs Report 2023. https://www.weforum.org/publications/the-future-of-jobs-report-2023/

김주희

아주대학교 경영학 석사를 거쳐 현재는 글로벌융합경영학과에서 박사 과정 중이다. 20년 이상 IT 업계 시스템 엔지니어로 일하고 있으며, 정보 기술과 인공지능, 노동의 미래를 주제로 연구와 현장 경험을 잇는, 실무와 학문을 연결하는 다학제적 시각에 기반한 연구에 집중하고 있다. 논문으로는 "AI 시대의 IT 업무 환경 변화: IT 전문가들이 본 미래 전망과 필수 역량"(2024)이 있으며, 생성형 AI 도입 이후 변화하는 IT 전문가의 업무 환경과 역량 전환을 분석했다. 《AI와 지속 가능한 노동》은 그간 기술 혁신에 따라 변화해 온 노동의 역사적 궤적을 돌아보고 그림자 노동, 디지털 착취, 가짜 노동 등의 문제를 분석해 AI 시대 인간다운 노동의 지속 가능성을 모색하고자 집필되었다. AI와 노동이라는 두 축을 통해 '우리는 왜 일하는가'라는 본질적인 질문에 답하려는 시도이기도 하다.